Ilka Scheidgen

Von Rimbaud zu Camus

Fünf Autoren des Existentialismus

Arthur Rimbaud, Rainer Maria Rilke, Lion Feuchtwanger, François Mauriac, Albert Camus

Von Rimbaud zu Camus

Fünf Autoren des Existentialismus

Ilka Scheidgen

Bibliografische Information der Deutschen Nationalbibliothek:
Die Deutsche Nationalbibliothek verzeichnet diese
Publikation in der Deutschen Nationalbibliografie;
detaillierte bibliografische Daten sind im Internet
über http://dnb.dnb.de abrufbar.

TWENTYSIX – Der Self-Publishing-Verlag
Eine Kooperation zwischen der Verlagsgruppe Random House und BoD – Books on Demand

© 2017 Ilka Scheidgen

Herstellung und Verlag:
BoD – Books on Demand, Norderstedt

ISBN: 978-3-740 -72950 -9

Einleitung

Wenn ich hier fünf Autoren unter dem Begriff „Existentialismus" vorstelle, so gebrauche ich diesen in einem erweiterten Sinne, nicht nur als denjenigen, der die französische philosophische Strömung der Existenzphilosophie, zu der Albert Camus gehörte, meint.
Bei diesen Dichterporträts geht es auch nicht vorrangig um Philosophie, sondern um Literatur. Dichtung hier aber verstanden als Ausdruck einer existentiellen Notwendigkeit.

Der Dichter Arthur Rimbaud, den man getrost einen Wegbereiter des Existentialismus nennen könnte, eröffnet in chronologischer Reihenfolge die fünf ausgewählten Porträts. Mit seiner Aussage „Ich ist ein anderer" wurde er zum Vorläufer der modernen Poesie. Seine Dichtung ist existenziell im ursprünglichsten Sinne: Angst, Hoffnung, Glück, Himmel und Hölle, Vollkommenheit und Unvollkommenheit, Ekstase und Verzweiflung, Schönheit und Ekel, Barmherzigkeit, Mysterium, Leben und

Weisheit, Hingabe und Fluch, Reinheit und Heil, die „Alchimie des Wortes".

Das gleiche trifft auch auf die Dichtung von Rainer Maria Rilke zu. Rilke leistet mit einem ungeheuren geistigen und seelischen Aufwand die Überwindung eigener Daseinsängste und den Versuch einer Beantwortung moderner Fragestellungen nach Welt und Wirklichkeit, allein schon durch das Zur-Sprache-Bringen.

„Denn Bleiben ist nirgends." In seiner Dichtung sind die drei Denkfiguren von Liebe, Tod und Gott bestimmend: „Wir aber, die wir uns Gott vorgenommen haben, wir können nicht fertig werden."

In einem auch biografischen Sinne ist der Schriftsteller Lion Feuchtwanger ein existentialistischer. Als Jude musste er vor dem Naziregime und seinem Terror fliehen und entging nur knapp der Deportation in die Gaskammern. In seinen Romanen geht es Feuchtwanger um unveränderliche Gesetze des Handelns und Denkens und damit immer auch um das Erkennen von Gegenwart im Vergangenen. „Er (der Autor historischer Romane) will die Gegenwart darstellen. Er sucht in der Geschichte nicht die Asche, er sucht das Feuer. Er will sich und den Leser zwingen, die Gegenwart deutlicher zu sehen, indem er sich distanziert." Mit seiner Aussage „Wer gerne denkt, ist überall allein", formulierte Feuchtwanger geradezu das, was dem Existentialismus eigen ist.

Auch den Literatur-Nobelpreisträger François Mauriac treibt ein zutiefst existentielles Thema um: die Existenz des Bösen. Er machte die Schwächen der Menschen, ihre existentiellen Ängste, Verzweiflung, ihre Verstrickungen in Schuld, aber ganz besonders das „Elend des Menschen ohne Gott" zum Thema seiner Romane.

Zu guter Letzt wird Albert Camus, der dezidiert dem Existentialismus zugerechnet wird, vorgestellt. Mit seinem „Mythos des Sisyphos", diesem „Versuch über das Absurde", und seinen Romanen hat er eine ganze Generation geprägt. Denn für ihn war sicher, „dass nämlich ein Menschenwerk nichts anderes ist als ein langes Unterwegssein, um auf dem Umwege der Kunst die zwei oder drei einfachen, großen Bilder wiederzufinden, denen sich das Herz ein erstes

Mal erschlossen hat." In seinem epochalen Roman „Die Pest" entwickelt er die Erkenntnis des auf sich selbst zurückgeworfenen, hilf- und hoffnungslosen Menschen in der Absurdität der condition humaine zu demjenigen, der gegen diese revoltiert und dadurch zu einer tiefen mitmenschlichen Kommunikation und Solidarität findet: „Ich empöre mich, also sind *wir.*" In seiner Nobelpreisrede 1957 formulierte Camus diese Erkenntnis noch einmal: „Wir müssen wissen, dass wir dem gemeinsamen Elend nicht entrinnen können und dass unsere einzige Rechtfertigung, wenn es eine gibt, darin besteht, nach bestem Können für die zu sprechen, die es nicht vermögen."

Arthur Rimbaud

1854 – 1891

„Ich ist ein anderer"

Noch heute, mehr als 160 Jahre nach seiner Geburt, ist die Faszination, die vom Leben und Werk dieses eigenwilligen, frühreifen und genialen französischen Dichters ausgeht, ungebrochen. Nicht nur seine wahrhaft revolutionären Neuerungen der dichterischen Sprache, sondern sicher auch der Umstand, dass er seine Werke innerhalb nur weniger Jahre verfasste - zwischen dem 15. und 20. Lebensjahr - und anschließend vollständig verstummte, zudem sein unstetes, rauschhaftes, von Revolte und Sehnsucht und immer neuen Fluchten bestimmtes Leben geben der Legendenbildung reichlich Nahrung und ließen ihn zu einer Ikone ganzer Generationen werden.

Am 20. Oktober 1854 wurde Jean Nicolas Arthur Rimbaud in dem Ardennenstädtchen Charleville an der Maas als Sohn eines Infantriehauptmanns und seiner Frau Vitalie, einer bäuerlichen Familie entstammend, geboren. Schon als Schüler zeigt sich seine außerordentliche Begabung, er glänzt mit vorbildlichen Leistungen, gewinnt regelmäßig schulische Wettbewerbe. Nichts lässt zunächst ahnen, wie stark er sich bald gegen alles von ihm als einengend, ja erwürgend empfundene Kleinbürgerliche, Provinzielle, alles Bigotte und Unwahrhaftige auflehnen wird.

Als eine entscheidende Prägung für sein weiteres Schicksal darf man wahrscheinlich die Trennung seiner Eltern ansehen. Der Vater verlässt die Familie, als Arthur sechs Jahre alt ist, und lässt die Mutter mit vier Kindern zurück, der es nun obliegt, diese allein *zu erziehen* und zu versorgen. Die mütterliche Strenge, von dem äußerst wachen und sensiblen Knaben als Mangel an Liebe empfunden, macht Arthur zu einem einsamen und traurigen Kind.

Die Chiffren Kindheit, Tränen, Traurigkeit, Weinen werden immer wieder in seinen Schriften auftauchen. Zeitlebens wird er sich nach Liebe, Zuneigung und Geborgenheit sehnen. Das Gedicht „Les etrennes des Orphelins" (Die Neujahrsgeschenke der Waisenkinder), datiert auf das Jahr 1869, spricht eine deutliche Sprache: „Doch hier, - dies ist ein Nest, dem jede Wärme fehlt, / Wo sie nicht schlafen, frieren, wo die Angst sie quält; / Ein Nest, vereist vom bitterkalten Wind im Winter.../ ... Im Haus ist keine Mutter! - und der Vater weit!..."

Als solch ein Waisenkind dürfte sich Arthur Rimbaud gefühlt haben. Und er sucht und findet Zuflucht in der Poesie. 1870 tritt mit Georges Izambard ein junger Seminarlehrer an das Gymnasium in Charleville, der als Rhetoriklehrer sofort die ungeheure Begabung seines Schülers Arthur Rimbaud erkennt. In ihm findet dieser einen väterlichen Freund, der ihn ausdrücklich ermuntert, in seiner schon so vollendeten, zu diesem Zeitpunkt noch an Vorbildern wie Victor Hugo, Paul Verlaine, die Parnassiens - alle Vertreter einer *subjektiven* Poesie - orientierten Dichtkunst fortzufahren.

Doch Rimbauds Entwicklung geht schon sehr bald in atemberaubender Schnelligkeit an seinen Vorbildern vorbei. Deren vom Gefühl und dem Streben nach Schönheit in Ausdruck und Reim begründete Poesie genügt ihm nicht mehr. Er strebt eine *objektive* Dichtung an, eine Übersetzung von Wirklichkeit in Verse.

Die Wirklichkeit, die er erfährt, ist die Enge der Provinz, der Konformismus in der Gesellschaft, der Moralkodex der Kirche, gegen die er sich nun vehement auflehnt. Diese Revolte äußert sich in teils verbitterten, teils grotesken, unerhört farbigen, hemmungslosen Gedichten von einer ungeheuren Intensität und in einem unerschöpflichen Bilderreichtum, deren unzweifelhafter Kulminationspunkt die Dichtung „Le bateau ivre" (Das trunkene Schiff) ist.

Dieses aus 25 vierzeiligen Alexandrinerstrophen bestehende Gedicht schrieb Rimbaud im Jahre 1871, das in seiner poetischen Existenz noch durch ein weiteres literarisches Dokument bedeutungsvoll ist: die sogenannten „Lettres du Voyant" (Seher-Briefe).

Im Bild des haltlos dahintreibenden Schiffes, durch Strudel und Stromschnellen steuer- und ankerlos, von Brandung und Riffen bedroht hin- und hergeworfenen Gefährts und Gehäuses, das zu bersten droht, offenbart sich Rimbauds selbstgewähltes Schicksal eines Dichters, der zum Unsagbaren und Ungeahnten vordringen will.

Zugleich ist es Ausdruck der existentiellen Erfahrung par excellence. Was im „Bateau ivre" in rauschhaften kataraktartigen Bildern zum Ausbruch kommt, erläutert Rimbaud in den „Seher-Briefen": seine Vorstellung des Dichters als *Seher*. An Izambard schreibt er am 13. Mai 1871: „Ich will Dichter sein, und ich arbeite daran, mich zum *Seher* zu machen...Es geht darum, durch die Verwirrung *aller Sinne* im Unbekannten anzukommen. Die Leiden sind gewaltig, aber man muss stark sein, als Dichter geboren sein...Es ist falsch zu sagen: Ich denke. Man müsste sagen: Ich werde gedacht...Ich ist ein anderer."

Die Befreiung vom „Leitseil der Treidler" (Bateau ivre) bedeutet die Abkehr von literarischen Vorbildern und Strömungen, die Absage an alle Konvention des Denkens und Fühlens hin zur „wahren Wirklichkeit", hin zu einer „universellen Sprache", von der er im anderen „Seher-Brief an Paul Demeny spricht.

Rimbaud entwickelt auch hierin sein poetisches Programm. „Diese Sprache wird von Seele zu Seele gehen und alles zusammenfassen, Düfte, Töne, Farben, den Gedanken." Der Dichter muss sich dem Unbekannten (später wird man es das Unbewusste nennen) öffnen und bereit sein, in Abgründe nicht nur zu schauen, sondern sogar zu stürzen!

„Unsägliche Folter, zu der er seinen ganzen Glauben nötig hat, all seine übermenschliche Kraft, unter der er unter allen der große Kranke wird, der große Verbrecher, der große Verdammte, - und der höchste Weise! - Denn er kommt im *Unbe-*

kannten an!...und wenn er auch, betört von seinen Visionen den Verstand verliert, so hat er sie doch gesehen!" Rimbaud will ganz Dichter sein und schreckt nicht davor zurück, einen hohen Preis dafür zu zahlen.

Obwohl nicht Revolutionär im politischen Sinne, glaubte Rimbaud doch eine Zeitlang an die Veränderbarkeit der Gesellschaft. Hoffnungen setzte er insbesondere in die revolutionäre Bewegung der Commune in Paris.

Der deutsch-französische Krieg 1870/71, der die Proklamation der Republik zur Folge hat, wird von Rimbaud einerseits mit seinen Schrecken und Leiden (das Gedicht „Le dormeur du Val" beschreibt eindringlich und anrührend den Tod eines jungen Kriegers), zugleich aber auch als Befreiungsschlag gegen das verhasste Regime Napoleon III. erlebt. Umso verzweifelter reagiert Rimbaud auf die blutige Niederschlagung der Pariser Commune. Einen Moment lang scheinen ihm alle Hoffnungen, auch die poetischen, vernichtet. Er fordert Paul Demeny auf, alle ihm geschickten Gedichte zu verbrennen.

Doch noch immer ist seine Sehnsucht, dem engen Milieu seiner Heimat zu entfliehen, übermächtig. Mehrere Fluchtversuche waren bereits gescheitert, als er sich im Sommer 1871 entschließt, dem von ihm bewunderten, neben Baudelaire einzig als „Seher" anerkannten Dichter Paul Verlaine einige Gedichte zu senden. Die Antwort ließ nicht lange auf sich warten und leitete in Rimbauds Leben einen neuen Abschnitt ein.

„Kommen Sie, liebe große Seele; wir rufen Sie; wir erwarten Sie..." schrieb der zehn Jahre ältere Verlaine aus Paris. Und Rimbaud konnte endlich die Provinz hinter sich lassen und aufbrechen ins *Unbekannte.*

Es beginnt das wilde, abenteuerliche, unstete und ausschweifende gemeinsame Leben dieser beiden so ungleichen Freunde, das von gegenseitiger Faszination, aber auch enormen Spannungen geprägt ist, das sie über Paris nach London und Brüssel (immer wieder unterbrochen durch Zeiten der Trennung) führt, wo es 1873 zum endgültigen Zerwürfnis zwischen ihnen kommt, als Verlaine Rimbaud nach einem Streit mit einer Pistole verletzt und dafür zwei Jahre ins Gefängnis kommt.

In dieser Zeit hat Rimbaud tatsächlich, wie in seinem „Seher-Brief von einem Dichter programmatisch gefordert, das „Verwirren aller Sinne" durchlebt: durch Alkohol- und Drogenkonsum und in der leidenschaftlichen Liebesbeziehung zu Verlaine, „alle Formen der Liebe, des Leidens, des Wahnsinns".

Während ihrer gemeinsamen Jahre arbeitet Rimbaud an den „Vers nouveaux", die einen neuen Ton aufweisen. Verlaines Einfluss ist erkennbar in einer schwermütigen Liedhaftigkeit. Rimbaud baut sie aus zu einem magischen Realismus sowie zu visionären Bildern eines Zeit und Raum sprengenden absoluten Seins, wie es in dem Gedicht „L'Eternité"(Die Ewigkeit) aufscheint:

„Wiedergefunden ist sie. / Was? - Die Ewigkeit. / Das Meer ist es, verschwunden / in der Sonne. // Wachende Seele, / Gestehe mit mir, / Die Nacht ist leer / Und in

Flammen der Tag. // Von den irdischen Wünschen / Vom Streben der Menge / Löst Du Dich dann / Fliegst nach eigenem Gesetz."

Nach dem endgültigen Bruch mit Verlaine zieht sich Rimbaud auf das mütterliche Gut in Roche zurück und vollendet bis zum August 1873 in völliger Zurückgezogenheit sein Meisterwerk „Une Saison en Enfer" (Ein Aufenthalt in der Hölle).

Weit über die persönliche Abrechnung seines bisherigen Lebens hinaus ist es ein Werk von allgemeingültigem Charakter in seinen Fragestellungen und Suchbewegungen. Wie aus den erhaltenen Entwürfen zu „Saison en Enfer" ersichtlich, hat Rimbaud mit diesem schier „faustischen" Stoff gerungen, ihn überarbeitet, destilliert bis zur Essenz.

Diese Dichtung ist existenziell im ursprünglichsten Sinne: Angst, Hoffnung, Glück, Himmel und Hölle, Vollkommenheit und Unvollkommenheit, Ekstase und Verzweiflung, Schönheit und Ekel, Barmherzigkeit, Mysterium, Leben und Weisheit,

Hingabe und Fluch, Reinheit und Heil, die „Alchimie des Wortes", die „Delirien", schließlich der „Morgen" mit seiner Aussage „Je ne sais plus parler" und zum Schluss der „Abschied": „Ich! Ich, der ich mich Magier und Engel nannte, enthoben aller Moral, ich bin dem Boden zurückgegeben, um meine Pflicht zu suchen und die rauhe Wirklichkeit zu umarmen! Bauer!" Und der letzte Satz lautet: „Es wird mir gestattet sein, die Wahrheit in *einem Körper und einer Seele* zu *besitzen.*"

Wenn auch dieses Werk - neueren Forschungen zufolge - noch nicht sein letztes ist, sondern zumindest Teile aus den „Illuminations" genannten, schwierig sich erschließenden Verse nach Vollendung der „Saison en Enfer" geschrieben worden sind, so ist doch die dort sich abzeichnende absolute Abkehr Rimbauds von seiner dichterischen Existenz unumkehrbar.

Der Dichter Rimbaud tritt eine erneute Flucht an: die ins Schweigen. Wanderschaft, Abenteuer, vielleicht dies ebenso Flucht, diesmal in die reale Wirklichkeit, die „rauhe Wirklichkeit", wie er sie nannte. Sie führte ihn in viele Länder Europas, nach Afrika und Asien, bis er sich 1880 in Harar in Äthiopien als Händler niederließ. Ein Tumor am Knie zwingt ihn 1891, nach Marseille zurückzukehren, wo ihm ein Bein amputiert wird. Am 10. November 1891 stirbt Arthur Rimbaud im Krankenhaus in Marseille.

Arthur Rimbaud, dieses frühreife und frühvollendete Dichtergenie wurde durch seine revolutionären poetischen Gedanken und Ausdrucksmittel zum Vorläufer der modernen Poesie. Als erster verwendete er den freien Vers. Mit seinen rauschhaften, visionären Bildern hatte er einen außerordentlichen Einfluss auf die moderne Lyrik des Symbolismus, des Surrealismus und des Existenzialismus. Als prophetisch erwies sich seine in den „Seher-Briefen" geäußerte Voraussage: „Mag er auch umkommen in seinem Sprung zu den unerhörten und unsagbaren Dingen: andere schreckliche Arbeiter werden kommen; sie werden an jenen Horizonten beginnen, wo er dahinsank!"

Wie sonderbar mutet uns an, wenn wir uns an zwei Strophen aus dem „Bateau ivre" erinnern, in denen es heißt: „Doch wahr, zu viel geweint! Quälend die Morgenröten, /

Grausam alle Monde, die Sonnen bitter schwer: / Dumpfheit der herben Liebe Räusche, die mich blähten, / Ach, splitterte mein Kiel! sank ich hinab ins Meer! / / Wenn ich noch Sehnsucht nach Europas Wassern habe, / Dann nach dem schwarzen Tümpel, wo im Abendschein / Voll süßem Duft ein kauernder, trauriger Knabe / Mit Schiffchen spielt, wie Frühlingsschmetterlinge fein."

Sonderbar, diese Kohärenz hin zum Ende seines Lebens. Einen Tag, bevor er seiner schmerzvollen Krankheit erlag, diktierte er im Fieberwahn folgende Sätze: „Ich bin völlig gelähmt: also möchte ich mich zeitig an Bord einfinden. Sagen Sie mir, um wieviel Uhr ich an Bord gebracht werden muss...".

Diese Zeilen sind wirklich die letzten, die Rimbaud hinterlassen hat.

Rainer Maria Rilke

1875 – 1926

„Wie ist das klein, womit wir ringen, / was mit uns ringt, wie ist das groß"

Der geniale Lyriker auf der Suche nach dem Weltinnenraum

Ohne jeden Zweifel gehört Rainer Maria Rilke zu den bedeutendsten deutschsprachigen Dichtern. Die Rezeption seines Werkes unterlag großen Schwankungen - von schwärmerischer Verehrung, beinahe Vergötterung, über zeitweilige Ablehnung oder Ignorierung hin zu einer neuen sachlich fundierten Beschäftigung mit seinem Oeuvre.

Äußerte sich Robert Musil unmittelbar nach Rilkes Tod (29.12.1926) noch enthusiastisch zu dessen Dichtung er habe „das deutsche Gedicht zum ersten Mal vollkommen gemacht", und gestand zwanzig Jahre später der gewiss nicht zu Heldenverehrung neigende Gottfried Benn dem Dichter eine eminente Bedeutung zu, indem er von ihm sagte: „(Er) schrieb den Vers, den meine Generation nie vergessen wird: ‚Wer spricht von Siegen - Überstehn ist alles!'", so musste Hilde Domin bei ihrer Rückkehr aus dem Exil 1954 erstaunt feststellen, wie wenig gefragt Rilke beim Publikum war. 1975 fragte Hilde Domin in einem Essay bewusst provozierend: „Rilke, Fragezeichen? Eine Rilke-Renaissance im Jahre seines 100. Geburtstages?" Die Antwort auf die selbst gestellte Frage konnte sie natürlich nicht geben, nur ihren persönlichen Befund. „Rilke ist inzwischen weit weg gerückt, sein Kult ist verraucht. Und vielleicht kann er nun ganz einfach wieder gelesen wie andere große Dichter auch: mit Freude, mit Kritik, aber ohne Scham...Wichtig ist nur, dass das da ist: im großen Vorratsschrank der Menschheit. Nahrung für den Geist, der dessen bedürfen wird."

Rilke wurde am 4. Dezember 1875 als René Karl Wilhelm Johann Josef Maria Rilke in Prag geboren als Sohn des Bahnbeamten Josef Rilke und seiner Frau Sophie, die einer Prager Fabrikantenfamilie entstammte. Der Vater hatte eine gescheiterte Offizierslaufbahn hinter sich und erhoffte sich von seinem einzigen Sohn, dass jener diese Laufbahn einmal einschlagen würde. Auch Rilkes Mutter stimmte diesen Plänen zu, war sie doch mit ihrem geringen sozialen Status in ihrer Ehe unzufrieden. Beide Eltern verkannten völlig oder nahmen einfach keine Rücksicht auf die große Sensibilität des Knaben, den sie 1886 auf die Militäranstalt St. Polten zur Ausbildung schickten. Seiner Intelligenz und seinem Fleiß zufolge war Rilke ein guter Schüler. Doch der militärische Drill war für sein empfindsames Wesen derart unangemessen und schädigend, dass man ihn wegen Krankheit die vorgesehene militärische Ausbildung abbrechen lassen musste. Auch eine nachfolgende Ausbildung an der Linzer Handelsakademie brach Rilke vorzeitig ab. Auf das Abitur bereitete er sich durch Privatunterricht, finanziert durch seinen Onkel, vor.

1895 begann Rilke in Prag mit dem Studium der Kunst- und Literaturgeschichte. Jura studierte er auf Wunsch des Onkels, mehr aus Pflichtgefühl als aus Neigung. 1896 kehrte er seiner Heimatstadt Prag den Rücken, um sich in München nur noch seiner großen Passion, der Literatur, widmen zu können. Ihm, der in seiner Kindheit nie wirkliche Geborgenheit erlebt hatte, war schon früh das Los eines Heimatlosen beschieden. Doch diese existentielle Einsamkeit wurde für den begabten jungen Rilke die Quelle zur Ausbildung seines dichterischen Kosmos eines „Weltinnenraums".

Bereits in Prag hatte Rilke frühe, noch sehr konventionelle Gedichte geschrieben, die nicht erahnen ließen, zu welcher Größe in einer ganz neuen und eigenständigen Form- und Bildsprache er in seiner Dichtung einmal heranreifen sollte. 1897 lernte Rilke in München die weltoffene Intellektuelle Lou Andreas-Salomé kennen, verliebte sich in die bedeutend ältere verheiratete Frau und folgte ihr nach Berlin. Diese geistvolle Frau, die auch mit Friedrich Nietzsche und Sigmund Freud befreundet war, wurde Rilkes wichtigste Muse und lebenslange enge Vertraute. Sie war es, die ihm riet, seinen Vornamen René in Rainer zu ändern. Fortan veröffentlichte er unter dem Namen, mit dem er berühmt wurde: Rainer Maria Rilke. Zu einem für seine Dichtung einschneidenden Erlebnis wurden zwei mit Lou Andreas-Salomé unternommene Reisen nach Russland 1899 und 1900. Dort traf er den Dichter Leo Tolstoi. Diese Begegnung sowie die Erfahrung der russischen Weiten, das Erlebnis der hymnisch-mythischen Feier einer orthodoxen Osternachtsfeier und einer tiefen Volksfrömmigkeit sollten in Rilkes erstem großen Gedichtzyklus „Das Stundenbuch" ihren Niederschlag finden. Dieser dreiteilige

Band, benannt nach dem kirchlichen Brevier der Stundengebete, bildet den ersten Höhepunkt seines lyrischen Schaffens. In Russland, das in ihm wohl gespannte Saiten zum Klingen gebracht haben muss, fühlt der ruhelose Dichter zum ersten Mal ein echtes Gefühl von Heimat. So schreibt er einige Jahre später an Lou: „Dass Russland meine Heimat ist, gehört zu jenen großen und geheimnisvollen Sicherheiten, aus denen ich lebe."

Von Berlin, wo Rilke in unmittelbarer Nähe der Geliebten Lou Andreas-Salomé wohnte, ging er 1900, als ihre Freundschaft eine vorübergehende Abkühlung erfuhr, in die Künstlerkolonie Worpswede, wo er voller Enthusiasmus ein neues freies und ungebundenes Künstlerleben unter den Malern Heinrich Vogeler, Otto Modersohn, Paula Becker und Clara Westhoff erlebte. Die Landschaft mit ihren Weiten, dem hohen Himmel, dem Moor, der Heide begeisterten den jungen Rilke ebenso sehr wie das ungezwungene Beisammensein der Künstler mit endlosen Gesprächen gemeinsam erlebten Musikdarbietungen, Galerie- und Theaterbesuchen.

Längst war für Rilke die Entscheidung zum freien Künstlertum gefallen. Dem einmaligen Versuch, so etwas wie ein *normales* bodenständiges, geregeltes Leben zu führen, indem er die Bildhauerin Clara Westhoff im Frühjahr 1901 heiratete und mit ihr einen eigenen Hausstand gründete, war nur ein kurzer Bestand vergönnt. Im Dezember 1901 wurde die einzige Tochter des Ehepaars Rilke geboren: Ruth. Während Rilke auch nach der Trennung von seiner Frau schon im drauffolgenden Jahr zeitlebens den Kontakt zu ihr beibehielt, - zeitweilig in intensivem Briefaustausch - erfährt man von seiner Beziehung zu seiner Tochter nicht viel. Die Tochter hat nach Rilkes Tod durch die Herausgabe seiner umfangreichen Briefe (man schätzt die Zahl auf 18.000) zusammen mit ihren Mann Dr. Carl Sieber wesentlich dazu beigetragen, dass der Forschung wichtigste Selbstzeugnisse des Dichters zugänglich wurden.

Obwohl sich Rilke redlich bemühte, eine bürgerliche Existenz aufzubauen und eine Familie zu ernähren, scheiterte diese Bemühung wahrscheinlich nicht nur
durch äußere Umstände, die ihm kein geregeltes Einkommen bescherten, sondern

mehr noch aus einer inneren Gestimmtheit, die nach Einsamkeit und Ungebundenheit verlangte.

Die Jahre bei Auguste Rodin

Im Sommer 1902 ging Rilke nach Paris, um dort zunächst eine Monographie über den Bildhauer Auguste Rodin (eine Auftragsarbeit) zu schreiben. Paris wurde - unterbrochen durch Reisen nach Italien, Schweden, Dänemark und Deutschland - bis 1906 zu seinem wichtigsten Aufenthaltsort.

Die intensive Beschäftigung mit Rodin, bei dem er zeitweise die Stellung eines Privatsekretärs hatte, führte Rilke zu ganz neuen Formen und Aspekten in seiner Dichtung. Waren die Gedichte des Stundenbuchs gekennzeichnet von mystischer Subjektivität in Versen suggestiver Musikalität, mit der er seiner Gottsuche, seinem Ringen um Selbstfindung poetischen Ausdruck verlieh, so prägen die „Neuen Gedichte" der Pariser Zeit eine Art Objektivität der Dinghaftigkeit, die die sogenannten „Dinggedichte" (berühmtestes Beispiel „Der Panther") kennzeichnen.

Von Rodin übernahm der Dichter die Konzentration auf den Gegenstand. Er wollte den Gegenstand so darstellen, dass sein innerstes Wesen aufschien. Es sind die Gedichte dieser Schaffensphase, die sich dem Leser auch heute noch am ehesten unmittelbar erschließen. Wohingegen Rilkes Spätwerk, die *Duineser Elegien* und die *Sonette an Orpheus* in ihrer Hermetik, ihrer alle bisherigen konventionell gewohnten Sprachbilder überwindenden Eigenständigkeit am schwersten zugänglich sind. Diese beiden dichterischen Werke, die Rilke nach einer tiefen, zwölf Jahre andauernden Schaffenskrise 1922 vollendete, bilden den Höhepunkt seines dichterischen Werkes und zählen zu den Meisterwerken der Weltliteratur. In ihnen hat Rilke den Anspruch, den er von Anfang an an sich stellte, zur Formvollendung gebracht: sein Selbstverständnis als eines Preisenden, eines den Zusammenhang von Leben und Tod als ein Ganzes Aufzeigenden. Es geht um nichts Geringeres als um die Beantwortung der Frage nach dem Sinn der Existenz: „*Hier* ist des Säglichen Zeit, *hier* seine Heimat. /

Sprich und bekenn. Mehr als je / fallen die Dinge dahin, die erlebbaren, denn, / was sie verdrängend ersetzt, ist ein Tun ohne Bild. / Tun unter Krusten, die willig zerspringen, sobald / innen das Handeln entwächst und sich anders begrenzt. / Zwischen den Hämmern besteht / unser Herz, wie die Zunge / zwischen den Zähnen, die doch, / dennoch, die preisende bleibt." (9. *Elegie*)

Aufgabe des Dichters ist in Rilkes Selbstverständnis, das Dasein, sei es das menschliche, das der Dingwelt oder der Natur durch *Sagen* in ein höheres, transzendentes und dadurch überdauerndes Sein zu verwandeln.

An der Schnittstelle zwischen Früh- und Spätwerk schuf Rilke seinen einzigen Roman „Die Aufzeichnungen des Malte Laurids Brigge", an dem er insgesamt sechs Jahre lang - von 1904 bis 1910 - schrieb. Dieser Roman hat nicht nur innerhalb Rilkes Werks eine signifikante Sonderstellung, sondern bedeutet in der Entwicklung des Romans die Abkehr vom bis dahin realistischen zum ersten modernen Roman, der keine kontinuierliche Handlung mehr kennt, der Reflexionen, essayistische und lyrische Elemente mit einbezieht und damit der existentiellen Zerrissenheit des beginnenden 20. Jahrhunderts erstmals eine adäquate Form verleiht. Der Roman gilt als eine der entscheidenden Durchbruchsleistungen der modernen Literatur, nimmt er doch bereits Fragestellungen, Analysen und Formelemente des späteren Existentialismus voraus.

Der Roman schildert in Tagebuchform das Leben des 28jährigen Malte Laurids Brigge, dem letzten Spross eines dänischen Adelsgeschlechts, in der Großstadt Paris, der in ärmlichen Verhältnissen eine Existenz als Dichter führt. Erinnerungen an die Kindheit, präzise Beobachtungen des Elends, der Armut und der Hässlichkeit in Paris überwältigen das empfindsame Gemüt des jungen Mannes, dessen Erfahrungen ein Spiegelbild von Rilkes eigenen Erfahrungen bilden, ohne deshalb rein autobiographisch zu sein. Rilke leistet vielmehr mit einem ungeheuren geistigen und seelischen Aufwand die Überwindung eigener Daseinsängste und den Versuch einer Beantwortung moderner Fragestellungen nach Welt und Wirklichkeit allein schon durch das Zur-Sprache-Bringen. In einem groß angelegten inneren Monolog fragt sich Malte, - und mit ihm sein Schöpfer Rilke - ob es möglich ist, dass man noch nichts Wirkliches und Wichtiges gesehen hat, dass man bisher nur an der Oberfläche des Seins geblieben ist, dass alle Wirklichkeiten nichts sind, und antwortet auf alle diese Fragen mit: Ja, es ist möglich. Um daraus die Konsequenz zu ziehen, „dann muss ja, um alles in der Welt, etwas geschehen... ja, er wird schreiben müssen.

Im „Malte" manifestiert sich auch Rilkes Poetologie. „Ich lerne sehen" heißt es ganz am Anfang der .Aufzeichnungen. Das Sehen, das das Gesehene ins Innere aufnimmt und es dort verwandelt, bildet die Voraussetzung für Dichtung. „Denn Verse sind nicht, wie die Leute meinen, Gefühle (die hat man früh genug), - es sind Erfahrungen. Um eines Verses willen muss man viele Städte sehn, Menschen und Dinge, man muss die Tiere kennen, man muss fühlen, wie die Vögel fliegen, und die Gebärde wissen, mit welcher die kleinen Blumen sich auftun am Morgen... Man muss Erinnerungen haben...Man muss sie vergessen können, wenn es viele sind, und man muss die große Geduld haben, zu warten, dass sie wiederkommen. Denn die Erinnerungen selbst sind es noch nicht. Erst wenn sie Blut werden in uns, Blick und Gebärde, namenlos und nicht mehr zu unterscheiden von uns selbst, erst dann kann es geschehen, dass es in einer sehr seltenen Stunde das erste Wort eines Verses aufsteht in ihrer Mitte und aus ihnen ausgeht."

Liebe und Tod

Diese existentiellen Themen, die Rilkes Lyrik bestimmen, sind auch im Malte grundlegend. Liebe ist in des Dichters Verständnis etwas Absolutes, an das allenfalls die Gestalten der „großen Liebenden" (Sappho, Gaspara, Stampa, Bettine, Heloise, Therese von Avila), die er gedanklich heraufbeschwört, heranreichen. So weiß sich Malte in seiner Liebe zu Abelone als ungenügend. Vielleicht hat auch Rilke selbst in seinen Beziehungen zu Frauen - und es waren viele und bedeutende unter ihnen, die er verehrte und die ihm durch ihre Freundschaft und Großzügigkeit sein Leben als Dichter ermöglichten (wie z. B. besonders die Fürstin Marie von Thurn und Taxis, auf deren Schloss in Duino Rilke die nach ihm benannten *Duineser Elegien* begann) - sich vor einer vollen Hingabe und Bindung gefürchtet oder sie unbewusst vermieden, um so seinen Genius als immerwährenden Quell zu bewahren. In einer Umdeutung des Gleichnisses vom „Verlorenen Sohn" sieht sich Malte als derjenige, der nicht geliebt werden *wollte*.

In dieser eigenwilligen Interpretation scheint mir ein Schlüssel zu Rilkes Liebesverständnis zu liegen: Der Sohn geht fort, weil er sich vornimmt, „niemals zu lieben, um keinen in die entsetzliche Lage zu bringen, geliebt zu sein", denn dadurch sieht er die Freiheit des Geliebten in Gefahr. So wie es auch in der ersten Elegie heißt: „Ist es nicht Zeit, dass wir liebend / uns vom Geliebten befrein und es bebend bestehn: / wie der Pfeil die Sehne besteht, um gesammelt im Absprung / *mehr* zu sein als er selbst.

Denn Bleiben ist nirgends." Dieses Ethos einer nicht besitzergreifenden Liebe findet sich in vielen seiner Verse, vielleicht am klarsten in seinem „Requiem" für die früh verstorbene Freundin Paula Modersohn-Becker: „Denn d a s ist Schuld, wenn irgendeines Schuld ist: die Freiheit eines Lieben nicht vermehren um alle Freiheit, die man in sich aufbringt. Wir haben, wo wir lieben, ja nur dies: einander lassen; denn daß wir uns halten, das fällt uns leicht und ist nicht erst zu lernen."

Immer wieder hat Rilke die Einheit von Leben und Tod, den Tod als Öffnung ins eigentliche Sein beschworen. „Der große Tod, den jeder in sich hat, / das ist die Frucht, um die sich alles dreht" (Stundenbuch). Seine Vorstellung vom *eigenen Tod* hat er dichterisch ins Mythische überhöht, nicht zuletzt in den „Sonetten an Orpheus". Wie schon die Geschichte vom Verlorenen Sohn deutet Rilke auch den Orpheus-Mythos auf seine Weise um. Orpheus ist bei ihm nicht der Sänger, der seine verstorbene Geliebte Eurydike aus der Unterwelt wieder zurückholen will ins Reich der Lebenden. Vielmehr sieht er sich dem Todesreich zugehörig und sucht dieses durch seinen Gesang zu verwandeln: „Wolle die Wandlung. O sei für die Flamme begeistert, / drin sich ein Ding dir entzieht, das mit Verwandlungen prunkt; / jener entwerfende Geist, welcher das Irdische meistert, / liebt in dem Schwung der Figur nichts wie den wendenden Punkt. // Was sich ins Bleiben verschließt, schon *ists* das Erstarrte".

Zwiegespräche mit Gott

Rilkes drittes großes Lebensthema kreist in vielfältiger Weise um Gott. Es hat ihn vom Anfang seiner Dichtung bis zum Ende seines Lebens nicht losgelassen. Auch in seiner Auffassung von Gott war der Dichter ausgesprochen subjektiv, keiner geläufigen religiösen Deutung verpflichtet. Es scheint beinahe so, als „erschaffe" er sich in seiner Dichtung und durch sie *seinen* Gott. „Ich kreise um Gott, um den uralten Turm, / und ich kreise jahrtausendlang; / und ich weiß noch nicht: bin ich ein Falke, ein Sturm / oder ein großer Gesang."

So wie in diesen Versen aus dem ersten Teil des *Stunden-Buchs* führt das dichtende

Ich endlose Zwiegespräche mit Gott, mal ehrfurchtsvoll, mal vertraulich. Gott ist der Dunkle und ein Dom, der Einsame und der große Verschwender, der Baum und die Wurzel. Rilke erkennt in Gott den Sich-Wandelnden: „Du bist die sich verwandelnde Gestalt /...Du bist der Dinge tiefer Inbegriff, / der seines Wesens letztes Wort verschweigt / und sich den Ändern immer anders zeigt. / dem Schiff als Küste und dem Land als Schiff."

Auch im „Malte" durchdringen sich, einander bedingend, diese drei Denkfiguren von Liebe, Tod und Gott: „Wir aber, die wir uns Gott vorgenommen haben, wir können nicht fertig werden." Die Pariser Erfahrungen stehen am Anfang einer großen bogenförmigen Bewegung des Romans. Sie sind nicht etwa geprägt von freudigen und lustvollen Abenteuern, sondern von Siechtum, Armut und Elend, von Angst und Ekel. „So, also hierher kommen die Leute, um zu leben, ich würde eher meinen, es stürbe sich hier", so beginnt der Roman. In der Betrachtung und Verinnerlichung des Schrecklichen, des „scheinbar nur Widerwärtigen", kommt Malte zu der Erkenntnis, dass er nicht die Wahl hat, sich von diesem

Elend abzuwenden. Im Gegenteil: „Es kommt mir vor, als wäre das das Entscheidende: ob einer es über sich bringt, sich zu dem Aussätzigen zu legen und ihn zu erwärmen mit der Herzwärme der Liebesnächte, das kann nicht anders als gut ausgehen." Der Roman endet in der offen bleibenden Suchbewegung nach Gott: „Was wussten sie, wer er war. Er war jetzt furchtbar schwer zu lieben, und er fühlte, dass nur Einer dazu imstande sei. Der aber wollte noch nicht." Ein eigenartiger Schluss! Und doch vielleicht nicht anders denkbar zu dem wenig davor Stehenden innerhalb seiner Geschichte vom Verlorenen Sohn: „Ich seh mehr als ihn, ich sehe sein Dasein, das damals die lange Liebe zu Gott begann, die stille ziellose Arbeit."

Nach der Vollendung der .Aufzeichnungen geriet Rilke in eine Schaffenskrise, die offenbar nicht unwesentlich mit der Bewältigung dieses Romans zusammenhing. Rilke selbst analysierte den „Malte" (in einem Brief an Lou Andreas-Salomé) als „hohe Wasserscheide". Er muss erschreckt feststellen, „dass alles Gewässer nach der alten Seite abgeflossen ist" und vor ihm sich nur Dürre ausbreitet. Es dauerte zwei Jahre, die Rilke in ruheloser Wanderschaft verbrachte, bis er auf Schloss Duino die geeignete Klausur fand, um dort zu seinem letzten großen Werk, dem Meisterwerk seiner Spätphase, mit den ersten zwei Elegien den Anfang zu setzen.

Doch dann geriet sein schöpferisches Genie wieder ins Stocken. Es folgten die Jahre des ersten Weltkrieges, in denen er fast ganz verstummte. Kurzfristig wurde er in Österreich sogar zum Landsturm eingezogen. Der Krieg ist für Rilke unbegreiflich und unmenschlich und erfüllt ihn mit tiefstem Schmerz: „Wird jemals ein Gott genug Linderung haben, um diese ungeheure Wunde zu heilen, zu der ganz Europa geworden ist", fragt er in einem Brief vom Sommer 1915.

Sein in Paris befindlicher Besitz wird beschlagnahmt. So bleibt er auch weiterhin auf die Hilfe anderer angewiesen. Zu einem letzten Domizil wird ihm ab 1921 der Schlossturm von Muzot in der Schweiz. Sein Freund und Gönner Werner Reinhart hatte das Gebäude erworben und stellte es ihm auf Lebenszeit unentgeltlich zur Verfügung. Und hier endlich wird der Bann einer zehn Jahre andauernden, schmerzvollen Entbehrungszeit seiner schöpferischen Kräfte gebrochen. In einem unglaublichen Schaffensrausch schafft das Dichtergenie in nur wenigen Wochen das Werk, das auch heute noch unbestritten als vollendetes Meisterwerk gilt: die *Duineser Elegien* und *Die Sonette an Orpheus*. Rilkes Euphorie über das endlich zu einem Ganzen abgeschlossene Werk war grenzenlos. Und doch war er bescheiden genug, die Inspiration dazu als ein Wunder anzusehen. Die eigene Anstrengung allein - so hatte er es ja in der Dürreperiode schmerzhaft erfahren - kann gar nichts bewirken, „wäre aussichtslos ohne - das Wunder." Ähnlich wie Hilde Domin, die es auch als Gnade bezeichnet hat, dass sie Gedichte schreiben konnte, äußerte sich der Dichter Rainer Maria Rilke 1925 über seine beiden Meisterwerke: „Und ich sehe eine unendliche Gnade darin, daß ich mit dem gleichen Atem diese beiden Segel füllen durfte".

Die letzten vier Lebensjahre waren gekennzeichnet von zunehmender Krankheit mit mehreren Sanatoriumsaufenthalten. Doch schuf Rilke auch in dieser Zeit noch eine größere Zahl an Einzelgedichten, ein umfangreiches lyrisches Werk in französischer Sprache sowie Übersetzungen aus dem Französischen, z. B. von Paul Valery und André Gide. An einer zu spät diagnostizierten Leukämie starb der Dichter am 29. Dezember 1926. Im Januar 1927 wurde er, wie er gewünscht hatte, auf dem Bergfriedhof von Raron im schweizerischen Wallis beigesetzt.

Rilke in unserer Zeit

Seit einigen Jahren wird im so genannten „Rilke Projekt" versucht, den Dichter der heutigen Generation nahe zu bringen. Vertonungen von zeitgenössischen Musikern sowie Interpretationen durch bekannte Schauspieler sind seit 2001 auf CD erschienen. Das Projekt erwies sich im Laufe der Jahre als Publikumsmagnet sowohl, was die multimedialen Darbietungen auf Bühnen als auch die Lesungen auf CD angeht. Als Interpreten tritt die gesamte Crème de la Crème der Schauspielkunst auf. „Erstaunlicherweise gelingt der Drahtseilakt, Rilke auf zeitgemäße Art zu interpretieren, ohne den Gehalt seiner Gedichte dabei zu verraten. Die originellen Sound-Collagen lassen der Sprache genügend Freiraum. Ein Hör-Buch, das gerade auch jungen Leuten Appetit auf Rilke macht", war eine unter ähnlich lautenden Pressemeinungen. Und dann kann durch die originäre Lektüre Rilkescher Werke der Leser erfahren, wie modern Rilke in seiner Diagnostizierung und Beschreibung von Angst angesichts des Verlustes sicherer Wertsysteme (ganz besonders im „Malte") war und geblieben ist.

Aber sind es nicht vor allem Verse wie diese, die uns ins Gedächtnis kommen: „Die Blätter fallen, fallen wie von weit, / als welkten in den Himmeln ferne Gärten" (Herbst) oder „Wie soll ich meine Seele halten, daß / sie nicht an deine rührt? Wie soll ich sie hinheben über dich zu anderen Dingen?" (Liebes-Lied) oder „Wie ist das klein, womit wir ringen, / was mit uns ringt, wie ist das groß" (Der Schauende) oder „Der Abend wechselt langsam die Gewänder, / die ihm ein Rand von alten Bäumen hält" (Abend)? Und fällt uns, wenn wir ein altes Karussell sehen, nicht die wiederkehrende Verszeile „Und dann und wann ein weißer Elefant"(Das Karussell) ein? Verse von solch unvergleichlicher Musikalität, in so unvergesslichen Bildern eröffnen das, was Hilde Domin dem Gedicht zuschreibt, nämlich ein „magischer Gebrauchsgegenstand" zu sein. Dazu Rilke: „Ich las schon lang. Seit dieser Nachmittag, / mit Regen rauschend, an den Fenstern lag. / Vom Winde draußen hörte ich nichts mehr: / das Buch war schwer. /...Und wenn ich jetzt vom Buch die Augen hebe, / wird nichts befremdlich sein und alles groß. / Dort draußen ist, was ich hier drinnen lebe, / und hier und dort ist alles grenzenlos."

Lion Feuchtwanger

1884 – 1958

„Wer gerne denkt, ist überall allein"

Im Jahre 2008 jährte sich zum 50. Male der Todestag des weltbekannten deutschen Schriftstellers Lion Feuchtwanger. Kaum vorstellbar, dass seine einem Millionenpublikum bekannten Romane bis in die siebziger Jahre des vorigen Jahrhunderts in der Bundesrepublik Deutschland kaum präsent waren, wohl aber in der ehemaligen DDR, in der der Aufbau Verlag 1957 mit der Herausgabe des Gesamtwerks begann. Ebenso in Amerika und vielen Ländern der ehemaligen Warschauer-Pakt-Staaten.

Diese mit Verwundern konstatierbare Wirkungsgeschichte hat Gründe. Feuchtwangers Name wurde im Nachkriegsdeutschland (West) zunächst hauptsächlich mit Veit Harlans antisemitischem Hetz-Film „Jud Süß" konnotiert, der aber mit Feuchtwangers gleichnamigen Roman nichts zu tun hat. Ein weiterer Grund für die zögerliche Rezeption im Westen waren Feuchtwangers Sympathien für den Marxismus, weshalb Feuchtwanger in der ehemaligen DDR schon früh als progressiver Autor eingestuft wurde.

Lion Feuchtwanger wurde 1884 als Sohn eines jüdischen Fabrikanten in München geboren. Dem streng orthodoxen Elternhaus entfloh er mit Beginn des Studiums in die Münchener Künstlerbohème, wo er mit Schriftstellern wie Frank Wedekind und Heinrich Mann zusammentrifft. Nach Studium und Dissertation über Heinrich Heines Fragment "Der Rabbi von Bacharach" schlägt er eine verheißungsvolle Laufbahn an der Universität aus und widmet sich fortan der Schriftstellerei. Am Anfang schreibt er Aufsätze und Theaterkritiken und gründet die Kulturzeitschrift „Der Spiegel". Bald folgen erste Prosaarbeiten und kleine Dramen, die auch zur Aufführung gelangen. Dennoch sind das nur die ersten Gehversuche als Schriftsteller, die noch wenig eigenen Stil erkennen lassen und von Feuchtwanger im Rückblick nicht mehr als geltend angesehen wurden.

Nachdem Feuchtwanger mit seinen ersten schriftstellerischen Arbeiten kein Erfolg beschieden war, unternahm er zusammen mit Marta Löffler, die er 1912 geheiratet hatte, ausgedehnte Reisen. „Wir zogen sehr viel herum, durch die Schweiz, durch

Frankreich, durch Italien, durch Nordafrika. Ich hatte sehr wenig oder gar kein Geld." In Tunis werden sie vom Ausbruch des Krieges überrascht, Feuchtwanger wird interniert. Ihm gelingt mit Hilfe seiner Frau eine abenteuerliche Flucht, wie sie sich 1940 noch einmal ähnlich wiederholen sollte: aus dem französischen Internierungslager über Spanien und Portugal in die USA.

Zurück in Deutschland wird er kurz nach seiner Einberufung aus gesundheitlichen Gründen vom Militärdienst befreit. Diese kurze Zeit des Befehlsempfangens reicht aus, um den an humanistischen Idealen geschulten Feuchtwanger zum Pazifisten zu machen. Und auch für seinen Weg als Schriftsteller bewirkt der als sinnlos erkannte Krieg die Wende: „Er hat mir das Geschmäcklerische weggeschliffen, mich von der Überschätzung des Ästhetisch-Formalen, der Nuance, zum Wesenhaften geführt."

Fortan wird sich Feuchtwanger in seinem Werk der Dialektik von Tat und Kontemplation, Macht und Erkenntnis, Gier und

Verzicht in ihren vielen Gesichtern und Ausformungen widmen. Sein Hauptthema wird die Macht und wie sie den Menschen korrumpiert. Nur im bewussten Verzicht auf Machtausübung wird der Mensch frei und zum ethisch verantwortungsvoll Handelnden.

Mit dem Roman „Jud Süß" wendet sich Feuchtwanger 1920 erstmals dem Genre des historischen Romans zu, als dessen Erneuerer und prominentester Vertreter er sich erweisen wird. Es ist der Beginn seines literarischen Weltruhmes als Romancier. Doch sollten bis zum endgültigen Erfolg noch einige Jahre vergehen. Der Stoff über den Hofjuden und Finanzjongleur Joseph Süß-Oppenheimer am Hofe des württembergischen Herzogs Karl Alexander zur Zeit des 18. Jahrhunderts lag noch unveröffentlicht bei verschiedenen Verlagen, als Feuchtwanger sich einem anderen historischen Stoff zuwandte.

„Die hässliche Herzogin" behandelt das Schicksal Margaretes von Tirol zu Zeit des ausgehenden Feudalismus. Das Handicap ihrer Hässlichkeit stimuliert in ihr Kräfte, die sie zum Wohl ihres Landes anwendet.

Doch unterliegt sie letztlich den Machtgelüsten und Rivalitäten starker Männer und der bloßen Schönheit ihrer Rivalin Agnes.

Feuchtwanger hat mit diesen beiden Romanen seinen Stil gefunden. Es sind opulente Sittengemälde in verschwenderisch-expressiver Sprache. Der Autor begibt sich psychologisch auf die Ebene jedes einzelnen Protagonisten und bewirkt dadurch einen hohen Grad an Identifikation und Lebendigkeit. Vom Theater kommend kann Feuchtwanger seinen Sinn fürs Dramatische einer Handlung voll zur Wirkung bringen. Er bringt in seinen „dramatischen Romanen" zur Meisterschaft, was einige Jahre später der 14 Jahre jüngere, von ihm entdeckte Bertolt Brecht umgekehrt zum „epischen Theater" ausbauen sollte. Zwischen beiden entwickelt sich eine lebenslange Freundschaft und teilweise Zusammenarbeit.

Dass es Feuchtwanger in diesen und späteren historischen Romanen nicht um erzählte Historie und Genauigkeit geht, sondern um unveränderliche Gesetze des Handelns und damit immer auch um das Erkennen von Gegenwart im Vergangenen, hat er einmal so formuliert: „Er (der Autor historischer Romane) will die Gegenwart darstellen. Er sucht in der Geschichte nicht die Asche, er sucht das Feuer. Er will sich und den Leser zwingen, die Gegenwart deutlicher zu sehen, indem er sich distanziert."

Doch die politische Entwicklung der Revolutionsjahre und des heraufziehenden Nationalsozialismus lässt Feuchtwanger mit den nächsten Romanen noch einmal in die Gegenwart zurückkehren. In der Wartesaaltrilogie mit den Romanen „Erfolg"(1930), „Die Geschwister Oppenheim"(1933)und „Exil"(1940) wird er dezidiert politisch aufklärend. In „Die Geschwister Oppenheim"(später umbenannt in „Die Geschwister Oppermann") schildert der Autor am Schicksal der großbürgerlichen jüdischen Familie Oppermann die unmenschlichen, perfiden Methoden der Nationalsozialisten im Umgang mit Juden. Hellsichtig erkannte Feuchtwanger sehr frühzeitig die Gefahr, die von Hitler und seinem Regime insbesondere für die Juden ausging. Die Figur des zunächst unpolitischen Gustav Oppermann, der aus dem Exil gewandelt zurückkehrt, um gegen den Naziterror zu kämpfen, trägt autobiographische Züge. Gustav wird bei seinen Agitationen festgenommen, in ein Konzentrationslager gesperrt und stirbt kurz darauf an den Folgen der Misshandlungen. Hier wie auch in der Figur des Komponisten Sepp Trautwein in „Exil" zeigt Feuchtwanger die Entwicklung eines ganz dem Schöngeistigen zugewandten Mannes zum engagierten Künstler und Tatmenschen.

Bei der Machtergreifung Hitlers im Jahre 1933 befand sich Feuchtwanger zu seinem Glück gerade auf einer Vortragsreise in den USA. Er konnte in seine Heimat nicht zurückkehren. Seine Villa in Berlin war geplündert, sein Vermögen konfisziert, seine Manuskripte zerstört. Der Doktortitel wurde ihm aberkannt. Im südfranzösischen Sanary-sur-Mer fand er mit seiner Frau einen Zufluchtsort, wie auch eine Anzahl von vertriebenen Künstlern und Intellektuellen, unter ihnen: Alfred Kerr, Heinrich Mann, Arnold Zweig. Ein Leben im Exil nahm seinen Anfang.

Hier wurde Feuchtwanger endgültig zum politischen Menschen. Er engagierte sich in antifaschistischen Komitees und Zeitschriften. Und er vollendet die Wartesaal-und die Josephus-Trilogie. Mit der Besetzung Frankreichs durch die Nazis 1940 holte ihn doch noch das Unglück ein. Mit Tausenden politischer Flüchtlinge wurde er im Lager Les Milles interniert, dann in einem Zeltlager in Nîmes, aus dem er mit Hilfe seiner Frau und eines amerikanischen Konsularbeamten herausgeschmuggelt werden konnte.

Beeindruckend beschreibt Feuchtwanger in „Der Teufel in Frankreich" die beständige Angst, Hunger, Elend, Krankheiten während dieser Zeit. Der nüchterne Ton der Beschreibung jener erniedrigenden Lebensumstände und sinnlosen Tätigkeiten erschüttert. Man erkennt aus ihm einen Charakterzug, der wohl typisch für den Menschen Feuchtwanger war: eine unerschütterliche Gelassenheit dem Schicksal gegenüber. So baut er sich nach dem Verlust der deutschen Heimat und der zeitweiligen Zuflucht in Sanary zum dritten Male eine neue Existenz in Pacific Palisades in Kalifornien auf. Ohne zu jammern.

Der Neuanfang in Amerika ist für ihn zumindest materiell gesichert, da er hier bereits eine große Leserschaft besitzt und sich seine Bücher gut verkaufen. Feuchtwanger nutzt seine finanzielle Unabhängigkeit auch, um andere Exilautoren, denen es nicht so gut geht, zu unterstützen. Ähnlich wie in Sanary-sur-Mer finden sich hier an der Westküste Amerikas wiederum viele Exilschriftsteller zusammen: Thomas und Heinrich Mann, Bertolt Brecht. Franz Werfel und Alfred Döblin.

Das Zeitgenössische unter Verdacht

Obwohl sich Feuchtwanger in seiner Jugend vom orthodoxen Judentum abwandte, wird später, bestärkt sicher auch durch die antisemitischen Tendenzen und Taten, in seinen Romanen und auch in seinem Selbstverständnis das Judentum zu einer sinnstiftenden Größe. So behandelt er in der Josephus-Trilogie das Schicksal des jüdischen Geschichtsschreibers Flavius Josephus. Auch in „Jud Süß", „Die Jüdin von Toledo" und „Jefta und seine Tochter" geht es vornehmlich um jüdische Schicksale. Feuchtwanger behandelte bewusst historische Stoffe, um ein sehr persönliches Problem distanziert betrachten zu können.

„Wenn ich dieses Thema in Form eines zeitgenössischen Romans darzustellen versuche, dann fürchte ich, könnten persönliche Ressentiments meine Darstellung trüben und unrein machen." Für Feuchtwanger bedeutet das Judentum vor allem eine geistig-intellektuelle Heimat mit einem Schatz an kulturellen Erfahrungen und humanistischen Weisheiten.

Amerika verdankte Feuchtwanger seine Rettung. Und doch blieb er ein Fremder. dem die Staatsbürgerschaft verweigert wurde, weil seine Sympathien für den Kommunismus bekannt waren. Die McCarthy-Ära stempelte ihn ein weiteres Mal als Außenseiter ab. Listenreich reagierte er hierauf mit dem wiederum in die Historie zurückverlegten Stoff einer hysterischen Massenpsychose mit seinem Drama „Wahn oder der Teufel von Boston", der auf realen Hexenverfolgungen im 17. Jahrhundert basiert. Gleichwohl litt Feuchtwanger an der Kommunistenhatz. „Wer gerne denkt, ist wohl überall allein, auf dieser Seite des Ozeans und auf der andern", schreibt er an seinen Freund Arnold Zweig. Und so zieht er sich mehr und mehr zurück und widmet sich ausschließlich seiner Arbeit, wobei er auch sein bisheriges Leben als Künstler reflektiert.

Im Roman „Goya oder Der arge Weg zur Erkenntnis" - 1951 erschienen -- zeichnet Feuchtwanger die künstlerische und menschliche Entwicklung des Emporkömmlings Francisco de Goya vom geschmäcklerischen Hofmaler am spanischen Königshof Karls IV. zum Maler der „Caprichos", in denen er politisch Farbe bekennt und zum radikalen Kritiker der feudalen und inquisitionären Gesellschaft wird.

Feuchtwanger hat in diesem Buch wohl auch seine eigene künstlerische Entwicklung verarbeitet. „Es war die langsame, mühevolle Wandlung, welche sein Wesen und Werk deutlich zeigt...Es war vor allem das Schicksal seines Landes, das ihn, im Grund gegen seinen Willen, in die Politik trieb...und es bedurfte gewaltiger Stöße, seine reiche und tiefe Intelligenz zu erwecken und sie zum Widerstand gegen diese Mächte zu stacheln. Diesen argen und schmerzhaften Weg der Erkenntnis will mein Buch zeigen."

Wie in all seinen Romanen geschieht das äußerst lebendig, mit gründlicher Kenntnis, daher überaus anschaulich und keineswegs tendenziell. Wie Goya in seinen Bildern das „Idioma Universal", die Sprache, die jeder versteht, findet, so hat auch Feuchtwanger diese Sprache beherrscht. Nicht umsonst erfreuen sich seine Werke ungebrochener Lesefreude. Denn im Gewand der Historie geht es immer auch um aktuelle Probleme in seinen Romanen. Wenn er in seinem frühen historischen Roman „Jud Süß" die Entwicklung eines machtgierigen Lüstlings zum bewusst angenommenen „Sündenbock", der seine ungerechte Hinrichtung als Märtyrertod erleidet, in einem opulenten Geschichtsgemälde vorführt, war Feuchtwanger dem Urteil des Philosophen und Schriftstellers Ludwig Marcuse zufolge dennoch „dezidiert antihistorisch. Es sah nur ewig gleiche Leidenschaften und eine immer wachsende, sie überwachsende Vernunft."

In seinem Leben und seinen Werken huldigte Lion Feuchtwanger der auf Erkenntnis basierenden Vernunft oder auch der Vernunft, die zur Erkenntnis führt: „Man darf die Kanten nicht brechen wollen, man muss versuchen, zu biegen und zu runden, die Welt und sich." (Goya).

François Mauriac

1885-1970

„Jemanden lieben heißt, als Einziger ein Wunder begreifen, das für alle anderen unsichtbar ist."

„Jemanden lieben heißt, als Einziger ein Wunder begreifen, das für alle anderen unsichtbar ist." Dieses Mauriac-Zitat, auch online abrufbar und sogar als Wand-Tattoo zu bestellen ist so schön und eingängig wie das ebenfalls unsterbliche Zitat aus dem Kleinen Prinzen von Antoine de Saint Exupéry „Man sieht nur mit dem Herzen gut. Das Wesentliche ist für die Augen unsichtbar." Aber man würde diesem großen Schriftsteller in keiner Weise gerecht, wollte man ihn auf abrufbare Zitate reduzieren. Fast könnte man versucht sein zu glauben, dass er – zumindest in Deutschland – sich auf diese Rolle beschränkt sehen muss. Derzeit ist keins seiner vielen Bücher im Buchhandel erhältlich. Nur antiquarisch sind die Werke dieses genialen Denkers, Publizisten und Romanciers, der im Jahre 1952 mit dem Literatur Nobelpreis ausgezeichnet wurde, zu kaufen.

Nun, vielleicht ist es nicht so verwunderlich bei einem, der die menschlichen Schwächen, ihre existentiellen Ängste, Verzweiflung, ihre Verstrickungen in Schuld, aber ganz besonders das „Elend des Menschen ohne Gott" zum Thema seiner Romane machte und diese, wie er einmal sagte, als Ausdrucksmittel betrachtete einer „Metaphysik, die im Gegenständlichen abgehandelt wird". Nicht dass man sich den 1885 in Bordeaux als Sohn wohlhabender Eltern als frommen Traktat- und Geschichtenschreiber vorstelle. Im Gegenteil: wohl niemand – vielleicht abgesehen von Dostojewski – ist dermaßen tief und schonungslos hinabgestiegen in die Abgründe, die in einem Menschen lauern.

Gerade daraus bezieht Mauriac als Romanautor die ungeheure Spannung und Intensität, die allen seinen Romanen eigen sind. Die „eindringliche Analyse der menschlichen Natur und die künstlerische Intensität", mit der Mauriac „die Form des Romans als Mittel der Deutung des menschlichen Lebens" einsetzt, wurden bei der Verleihung des Nobelpreises 1952 besonders herausgestellt.

Immer wieder macht Mauriac menschliche Abgründe durch Hochmut, Rücksichtslosigkeit, Egoismus, Besitzgier bis hin zum Mord zum Thema seiner Romane, die sich spannend wie Kriminalromane lesen, die dem Autor, der aus seiner Katholizität kein Geheimnis macht, vielmehr als Folie dient nicht nur in der Schilderung des Bösen, sondern dadurch umso mehr für das Wirken göttlicher Barmherzigkeit und Gnade.

Nach den bereits beachtlichen Erfolgen seiner ersten Romane gelang Mauriac der entscheidende, auch internationale Durchbruch mit „Thérèse Desqueyroux" (1927), der übrigens zum zweiten Mal verfilmt wurde (2012 von Claude Miller, das erste Mal von Georges Franju1962).

In Deutschland bereits 1928 unter dem Titel „Die Tat der Thérèse Desqueyroux" veröffentlicht, zeigt dieser Roman wie die meisten späteren auch, dass Gott denen am nächsten steht, die sich scheinbar am weitesten von ihm entfernt haben. Die hoch begabte, ironisch-kluge Thérèse Desqueyroux, verheiratet mit einem geistig trägen, selbstzufriedenen Mann, der sie nur wegen ihres Reichtums geheiratet hat, hält das leere und freudlose Leben nicht aus und wird zu einer Verzweiflungstat getrieben: Sie versucht ihn zu vergiften. Der Anschlag misslingt. Thérèse wird vor Gericht gestellt, doch von ihrem Mann gedeckt, da die Familie einen Skandal vermeiden will.

Mauriac bettet die eigentliche Handlung ein in die Versuche Thérèses, ihre Handlung vor sich selbst zu rechtfertigen, auf der Rückfahrt nach der Gerichtsverhandlung. So wird die Darstellung einer selbstzufriedenen Bourgeoisie, die nur an Jagden und der

Vermehrung ihrer Ländereien interessiert ist, sich aber für den Nächsten nicht wirklich interessiert, für Mauriac mit den formalen Mitteln, die ihm in hohem Maße zur Verfügung stehen, dazu benutzt, „die unermesslich gefrorene Oberfläche, in der hier alle Seelen gefangen sind", zu durchbrechen

. „Mancher wird sich wundern", heißt es im Vorwort zu „Thérèse", „dass ich ein Geschöpf erdacht habe, noch verwerflicher als meine anderen Helden. Werde ich jemals von den tugendtriefenden Menschen erzählen können, die ihr Herz auf der Hand tragen? Die 'Herzen auf der Hand' haben keine Geschichte, aber ich kenne die Geschichten der Herzen, die in einem besudelten Körper vergraben und ganz mit ihm vermischt sind. Ich hätte gewünscht, Thérèse, das Leid brächte dich zu Gott...Ich lasse dich auf der Straße zurück, doch ich nehme die Zuversicht mit, daß du zumindest dort nicht allein bist."

Wohl kaum ein anderer Autor hat sich so sehr mit dem Mysterium des Bösen beschäftigt wie François Mauriac. Auch in dem Roman „Die schwarzen Engel" (1935) herrscht ein Übermaß an Verworfenheit. Der hübsche und charmante Gabriel Gradère entscheidet sich bewusst für das Böse, um sich seine Vorteile in der Gesellschaft zu verschaffen, indem er rücksichtslos seine Intelligenz und die Arglosigkeit seiner Mitmenschen ausnutzt. Doch Gottes Erbarmen zeigt sich bei Mauriac gerade in den Erbärmlichen. Als Gradère schließlich im Chaos von Leidenschaft, Gottferne und Verworfenheit sogar vor einem Mord nicht zurückschreckt, kann die Gnade ihren Weg zu ihm finden.

Die schwarzen Engel spielen auf die „gefallenen" Erzengel, die Dämonen, an und die Dämonen im Innern von Menschen. In Gestalt des Pfarrers Alain Forcas, dem er zu Beginn der Geschichte sein ganzes verpfuschtes, verbrecherisches Leben - in einem Heft niedergeschrieben - offenbart, findet Gradère zum Schluss den Vollstrecker der Gnade, kann ihm am Ende seines Lebens vergeben werden, kann er in Frieden sterben.

Denn dieser einsame Priester hat die ganze Zeit über mit Gott um diese Seele gerungen: „Dulde nicht, dass dein Feind sie ausnützt (die menschliche Einsamkeit), um deine Geschöpfe zu verführen.

Er, die Macht der Finsternis, der Fürst dieser Welt. Von wem aber ist ihm diese

Macht gegeben? Wem verdankt er sein Fürstentum?"

Die Frage beantwortet er nicht, aber er weiß; „Der Liebe ist alles möglich, sie bringt die Logik der Gelehrten Fall."

Erst Jahre später – bei der Verleihung des Nobelpreises – erklärte Mauriac sein fast manisches Interesse am Bösen, damit aber auch an den Gestrauchelten, den Mördern, den Hartherzigen und Ungerechten, kurz den „Sündern" oder „Bösen" : „Wenn ein Schriftsteller in den Mittelpunkt seines Werkes den Menschen stellt, geschaffen nach dem Bilde des Vaters, freigekauft durch den Sohn, erleuchtet durch den Heiligen Geist, so kann ich, so düster seine Schilderung auch sein mag, in ihm nie einen Lehrer der Verzweiflung sehen.

Zugegeben: seine Schilderung bleibt düster, weil für ihn die Natur des Menschen verwundet, wenn nicht verderbt ist...Denn er kann sich dem Mysterium des Bösen nicht entziehen. Wer aber vom Bösen erfasst ist, ist es auch von der Reinheit." So kann der Autor den Abgründen der Verkommenheit das unergründliche Erbarmen göttlicher Gnade entgegenstellen. „Ich zeige die Finsternis und glaube an das Licht", bekannte dieser große katholische Schriftsteller einmal.

Mehr vom Licht als in seinen anderen Romanen zeigte Mauriac seinen Lesern in „Das Geheimnis Frontenac" (1933). Der französischen Titel „Le mystère Frontenac" konnotiert viel besser, worum es in dem Roman geht. Nein, es handelt sich um nicht um ein göttliches Mysterium.

Es handelt sich um das Mysterium Kindheit, dieses paradiesische Terrain, in dem alles seinen Anfang nimmt, alles noch offen und möglich ist. Mauriac, der früh seinen Vater verlor und mit seinen vier Geschwistern von einer gestrengen Mutter in einem engen Katholizismus und konservativen Standesbewusstsein erzogen wurde, hat in diesem menschlich sehr anrührenden Roman das Erleben des Kindes Yves, hinter dem sich der Autor nur unschwer erraten lässt, in den geliebten Wäldern der heimatlichen Region Les Landes beschrieben.

Überhaupt gehören Mauriacs Naturschilderungen in allen seinen Romanen zu den poetischsten innerhalb seines Oeuvres. Stets handelt es sich um diese fest umrissene Landschaft mit ihrem unverwechselbaren

Klima, die die Atmosphäre der Romane ausmachen.

Und wie der vierzehnjährige Knabe zum Dichter wird, auch dies ein Geheimnis. Wie auch die Familie als solches, die Gefängnis und Zufluchtsort zugleich ist, Mythos und Mysterium. „Der Mond war noch nicht aufgegangen. Aus dem eiskalten Bach und den Wiesen stieg der Hauch des Winters. Zuerst mussten die beiden Knaben sich mühen, die Allee zu finden, aber dann gewöhnten ihre Augen sich an die Dunkelheit. Makellos gerade strebten die Kiefern empor und brachten die Sterne näher: Sie platzierten sich, ja, schwammen in den Himmelsteichen, die von den schwarzen Wipfeln eingefasst wurden."

Und während die Kinder Frontenac mit ihrem Onkel Xavier Rindenschiffchen den Bach hinunter zum Meer schicken, wird ihnen die Einmaligkeit und Unausweichlichkeit des Augenblicks bewusst: „Aber alle fühlten dunkel, dass durch eine einmalige Gunst des Schicksals die Zeit stillstand. Sie hatten aus dem Zug aussteigen dürfen, den nichts aufhält; ein Weilchen noch blieben sie als halb Erwachsene in diesem Teich der Kindheit und verweilten dort, während die Kindheit schon für immer von ihnen gewichen war."

1933 war das Jahr, in dem François Mauriac als bis dahin jüngstes Mitglied in die berühmte „académie francaise" aufgenommen wurde. Was zeigt, wie hoch sein sprachliches Talent eingeschätzt wurde. Es begann die Zeit, in der Mauriac sich immer mehr auch publizistisch betätigte. Er galt als linkskatholischer Antifaschist, als zeitkritisch engagierter Polemiker, der gegen Pétain, Franco und Mussolini schrieb und der französischen Résistance angehörte. Nach dem 2. Weltkrieg engagierte er sich für die Unabhängigkeit französischer Kolonien.

Noch während des Zweiten Weltkrieges schrieb er den Roman „Die Pharisäerin" (1941), der als Höhepunkt seines Schaffens gilt und zu seinen besten und wichtigsten Werken gezählt wird. Jener Satz von Blaise Pascal „Jener, der uns ohne uns erschaffen hat, kann uns nicht ohne uns retten" wird hierin mit allen Höhen und Tiefen durchbuchstabiert. Erzählt wird die Lebensgeschichte der Brigitte Pian (aus der Perspektive ihres Stiefsohns Louis), die sich in einer

Bigotterie sondergleichen zur Richterin ihrer Mitmenschen aufwirft.

Das Wesen der Liebe, der sie zu dienen glaubt, ist ihr völlig fremd. Und so zerstört sie in anderen mit unglaublicher Härte gerade die Liebe: zwischen dem jungen Paar Jean und Michèle, dem Ehepaar Puybaraud und bei dem Abbé Calou, den sie bei seinen Vorgesetzten anschwärzt, weil sie mit seinen Erziehungsmethoden nicht einverstanden ist. So reißt die „Pharisäerin" mit ihrer hochmütigen Selbstgerechtigkeit, ihrem verblendeten Eifer nach einem gottgefälligen Leben ihren Nächsten tiefe Wunden.

Nur der Pfarrer, eine berührende Priestergestalt vom Typ eines Landpfarrers (wie bei Georges Bernanos) ist zur äußersten Nachfolge Christi entschlossen, bereit, die abgrundtiefe Einsamkeit von Gethsemane und das Leiden eines am Kreuz Gemarterten auf sich zu nehmen. Denn wer sollte es sonst tun?

Und gerade die Verachtung und das Nichtbegreifen derer, für die Gott nicht existiert, erträgt er stellvertretend für jene, „die letzte Lehre dieses auf Erde errichteten, starren Kreuzes, an das ein Gott genagelt ist, unfähig sich zu bewegen: so gibt auch der Priester, ans gleiche Holz gebunden, dem gleichen Spott ausgesetzt, den Menschen ein Rätsel auf, das sie doch nicht zu lösen versuchen." Mauriac entlarvt in diesem epischen Meisterwerk übersteigerte Vollkommenheitsideale und die Deformierungen durch falsch verstandene Buchstabentreue und vermeintliche Pflichterfüllung. Erst spät erkennt Brigitte Pian, was für Leid sie angerichtet hat. „Ein Tag sollte kommen, an dem ihre vergangenen Taten sie peinigten und ihr ein unbekanntes, schauriges Gesicht zuwendeten", an dem sie verstand, „dass es nicht um Verdienste geht, sondern allein um die Liebe."

„Jeder weiß, dass er weniger schlecht sein könnte, als er von Natur aus ist", das ist der Schlüssel zum Werk Mauriacs, auch seiner letzten beiden Romane „Das Lamm" (1954) und „Der Jüngling Alain" (1969).

Und auch in ihnen kann dieser bedeutende Vertreter des renouveau catholique vom Wirken der Gnade erzählen. Bei dem jungen Priesterseminaristen, der sein Leben opfert, um ein Kind und eine Ehe zu retten (Das Lamm) und bei den Protagonisten der reichen Familie von dem Gut Maltaverne des autobiografisch grundierten letzten Romans, den Mauriac zur Zeit der Studentenrevolte in Paris völlig überraschend nach 15jähriger Pause schrieb und der sogar seinem Widersacher Jean-Paul Sartre Bewunderung abnötigte.

In einer Schlüsselszene gegen Ende des Romans heißt es: „Wenn wir alles entbehren," sagte ich, „wenn wir uns gänzlich verlassen wähnen in dem Augenblick, der für jeden von uns kommt, da wir ebenfalls seufzen 'Vater, warum hast du mich verlassen?', dann ist das die Stunde des endgültigen Scheiterns, die vom Kreuz symbolisiert wird, für die das Kreuz, solange man jung ist oder in der Kraft des Alters steht, ein empörendes und unerträgliches Sinnbild darstellt – bis zu dem Tag, da es zu dem wird, was genau unserem Körper entspricht." Mama warf ein. 'Und unserem Herzen:' Ich war erstaunt, dieses Wort aus ihrem Munde zu hören. Woher wusste sie, daß stets unser Herz ans Kreuz geschlagen wird?"

Mit der ungeheuren Geisteskraft eines weisen alten Mannes kann er hier noch einmal seine Grundüberzeugung veranschaulichen, „die Gewissheit einer Barmherzigkeit, die jedes Verstehen übersteigt" sowie das Innewerden dieses Geheimnisses, „nämlich dass das Wort 'Das Reich Gottes ist in euch' buchstäblich wahr ist und dass wir uns lediglich in uns zu versenken brauchen, um es zu betreten."

Es sollte seine letzte Aussage bleiben. Ein Jahr später, am 1. September 1970, starb François Mauriac in Paris, bis zuletzt hoch geschätzt als moralische Instanz wegen seiner intellektuellen Unerschrockenheit in seinen spitzen und geistreichen Kolumnen und als großer katholischer, ein tief im christlichen Glauben verwurzelter Schriftsteller.

Albert Camus

1913 – 1960

„Wir müssen uns Sisyphos als einen glücklichen Menschen vorstellen."

Der Dichter des Absurden

Als der Dramatiker, Romancier und Essayist Albert Camus am 4. Januar 1960 bei einem Autounfall ums Leben kam, trauerte die Welt um ein Idol, einen Aufrechten, einen Wahrheitssucher, einen, der sich in einer wahren „Besessenheit für die Gerechtigkeit" (André Malraux) aufrieb, einen, der mit Wort und Tat für Humanismus gekämpft hatte. Sein Tod wurde als „absurd" empfunden, im Sinne seines großen Essays „Der Mythos des Sisyphos - Ein Versuch über das Absurde".

Camus war mit seinem Verleger und Freund Michel Gallimard im Auto unterwegs auf der Heimfahrt von Lourmarin in der Provence nach Paris. Kurzfristig hatte er sich entschlossen, nicht wie ursprünglich geplant mit dem Zug (zusammen mit seiner Frau) nach Paris zu fahren. Bei dem noch an der Unfallstelle im Fond des an einem Baum völlig zertrümmerten Autos gestorbenen Dichters fand man das unbenutzte Bahnticket sowie das unvollendete Romanmanuskript „Le Premier Homme".

Mit dem Literatur Nobelpreisträger von 1957, den die schwedische Akademie für ein Werk auszeichnete, das „die Probleme beleuchtet, die sich in unserer Zeit dem Gewissen der Menschen stellen", verlor die Welt einen ihrer ganz Großen. In einem Vortrag an der Universität Uppsala im Zusammenhang mit der Nobelpreisverleihung hatte er geäußert: „Wir Schriftsteller des 20. Jahrhunderts werden nie mehr allein sein. Im Gegenteil, wir müssen wissen, dass wir dem gemeinsamen Elend nicht entrinnen können und dass unsere einzige Rechtfertigung, wenn es eine gibt, darin besteht, nach bestem Können für die zu sprechen, die es nicht vermögen. Wir müssen in der Tat für alle die Menschen sprechen, die in diesem Augenblick leiden."

Der Schriftsteller William Faulkner bekannte in einem Nachruf: „Auch im Augenblick, da er an den Baum prallte, suchte und befragte er sich noch. Ich glaube nicht, dass er im Getöse jenes Augenblicks die Antwort gefunden hat. Ich glaube nicht, dass man die Antworten überhaupt finden kann, ich glaube nur, dass es ständig und ohne Unterlass eines der menschlichen Absurdität teilhaftigen Sterblichen bedarf, um sie zu suchen. Es gibt ihrer nie viele zur gleichen Zeit. Aber zumindest einen gibt es immer irgendwo, und das genügt, um uns alle zu retten." Und Jean-Paul Sartre, der literarische und philosophische Weggefährte, dessen anfängliche Freundschaft mit Camus 1952 zerbrach, als Sartre sich auch auf dem Höhepunkt sowjetischen Terrors zum Kommunismus bekennt und gleichzeitig in seinem Magazin *Les Temps Modernes* Camus philosophische Inkompetenz vorwirft, weil er sich gegen den Imperialismus in West und Ost engagiert, gegen jegliche Ideologie und für die Menschenrechte eines jeden Individuums, anerkennt nach Camus' Tod in dessen Werk „das Vorhandensein des Moralischen, mitten in unserer Epoche". Sartre schrieb: „Er (Camus) stellt in unserem Jahrhundert, und zwar gegen die Geschichte, den wahren Erben jener langen Ahnenreihe von Moralisten dar, deren Werke vielleicht das Echteste und Ursprünglichste an der ganzen französischen Literatur sind." Posthum wies er Camus den ihm gebührenden Rang zu.

Leben und Werk von Albert Camus von seinem Tod her aufzurollen, scheint mir nur folgerichtig. Denn es ist der Tod, gegen den er in all seinen Werken anschrieb. „Wenn der Tod die einzige Lösung ist. befinden wir uns nicht auf dem richtigen Weg. Der richtige Weg führt zum Leben, an die Sonne ..."

Unter der Sonne Algeriens wurde Albert Camus am 7. November 1913 in Mondovi geboren. Bereits im Oktober 1914 stirbt sein Vater Lucien Auguste Camus, der in Belcourt als Kellermeister in einer Weinhandlung gearbeitet hatte, an der Front der Marne-Schlacht. Die Mutter, eine einfache Frau, die des Lesens und Schreibens unkundig ist. zieht mit Albert und seinem Bruder Lucien zu ihren Eltern und muss zuerst in einer Rüstungsfabrik, später als Putzfrau arbeiten. Diese ärmliche Welt seiner Kindheit beschreibt Camus in mehreren frühen Erzählungen, die unter dem Titel „Licht und Schatten" 1937 als sein erstes Buch in Algerien veröffentlicht werden. Schon hier finden sich Gedanken, die für Camus lebenslang von Bedeutung bleiben sollen. „Der wahre Mut besteht immer noch darin, die Augen weder vor dem Licht noch vor dem Tod zu verschließen" und „dass es darauf ankommt, menschlich und einfach zu sein. Nein, es kommt darauf an, wahr zu sein, dann fügt sich alles andere ein, die Menschlichkeit und die Einfachheit."

In dem unvollendet gebliebenen Roman „Der erste Mensch", der erst 1994 posthum in Paris veröffentlicht wurde und mit seinem Erscheinen zu einer wahren Camus-Renaissance und -Begeisterung führte, kehrt der Held Cormery -

so nennt sich Camus in diesem autobiographischen Buch - in diese Welt der Einfachheit, einer Art karger Vollkommenheit zurück. Es geht um Heimkehr, um das Wiederfinden des verlorenen Paradieses der Kindheit, um die „Suche nach der verlorenen Zeit", um dadurch seine besitzlose Familie dem Nichts des Vergessens, der Namen- und Geschichtslosigkeit zu entreißen. Auch um die Suche nach dem Vater, dem schmerzlich entbehrten, an dessen Grab in St. Brieux in der Bretagne sich der Sohn plötzlich bewusst wird, dass er mit seinen vierzig Jahren bereits elf Jahre älter ist als der gefallene Vater, und er empfindet: „Etwas entsprach hier nicht der natürlichen Ordnung, und eigentlich herrschte hier, wo der Sohn älter war als der Vater, nicht Ordnung, sondern nur Irrsinn und Chaos."

Zwischen seinem ersten Buch „Licht und Schatten" und dem Manuskript „Der erste Mensch", wie es bei Camus' Tod vorgefunden wurde, sollten 23 Jahre vergehen und noch weitere 24 Jahre bis zu dessen endgültigem Erscheinen. Zu der Neuauflage seines ersten Buches im Jahre 1958 hatte Camus geschrieben, dass seine gesamte Arbeit vergeblich gewesen sei, sollte es ihm nicht gelingen, dieses noch einmal geschrieben bzw. das Buch seiner

Kindheit vollendet zu haben. Denn eins ist für ihn sicher, „dass nämlich ein Menschenwerk nichts anderes ist als ein langes Unterwegssein, um auf dem Umwege der Kunst die zwei oder drei einfachen, großen Bilder wiederzufinden, denen sich das Herz ein erstes Mal erschlossen hat." Diese „Umwege der Kunst" hatten einige der wichtigsten Werke der Weltliteratur hervorgebracht.

Der Grundschullehrer Louis Germain erkennt die außergewöhnliche Begabung seines Schülers Albert und fördert ihn, so dass Camus das Gymnasium und später die Universität besuchen kann. Ihm wird er das gedruckte Exemplar seiner Nobelpreisrede widmen. Schon bald nach Beginn seines Studiums beschließt Camus, dem auf Grund seines Gesundheitszustandes (er erkrankte an Tuberkulose, die ihn zeitlebens beeinträchtigte) eine Professorenlaufbahn verschlossen bleibt, Schriftsteller zu werden. Alles ich ihm drängt dazu, sich mitzuteilen und in Worten auszudrücken.

Bald schon, ab 1932, schreibt er Essays für algerische Zeitschriften und wendet sich früh dem Theater zu. das seine große Liebe und Quelle des Glücks bleiben soll. „Mich erfüllt ein ausgeprägtes Verlangen, die Menge des Unglücks und der Bitterkeit, die die Menschheit vergiftet, verringert zu sehen." Camus schreibt Theaterbearbeitungen, führt Regie und spielt auch selbst. Als Journalist beim *Alger Republicain* kommt er mit den Problemen der Araber in Berührung und schreibt Sozialreportagen über das Elend der Kabylen, wobei er sich unmissverständlich und unerschrocken auf die Seite der Unterdrückten und Rechtlosen stellt.

1938, ein Jahr vor Ausbruch des Zweiten Weltkrieges, beginnt Camus mit drei seiner wichtigsten Werke, die sich mit dem Absurden beschäftigen: dem Roman „Der Fremde", dem philosophischen Essay „Der Mythos des Sisyphos" und dem Theaterstück „Caligula". Bezeichnend ist, dass er diese drei Werke, an denen er arbeitet, sein „Oeuvre" nennt. Es spricht für die Genialität des Dichters und Denkers Albert Camus, dass er als Fünfundzwanzigjähriger nicht etwa unausgegorene Jugendwerke schreibt, sondern in den drei Sparten, die alle gleichermaßen seinem nach Wahrheit dürstenden Intellekt entsprechen, bereits vollendete Kunstwerke schafft.

Der Fremde

Der Roman „Der Fremde" erschien 1942 während der deutschen Okkupation Frankreichs und wurde als Ausdruck einer Generation verstanden, die während zweier Weltkriege den Zusammenbruch aller Werte und Ordnungen erfuhr. Mersault, ein kleiner Angestellter in Algier, tötet ohne ersichtlichen Grund am Strand unter glutheißer Sonne einen Araber, wird vom Gericht des Mordes angeklagt und zum Tode verurteilt. Der Bericht über diese Ereignisse, auch über den Tod der Mutter, von Mersault in Ichform scheinbar teilnahmslos vorgetragen, entbehrt jeden Sinnzusammenhang. Alles ist gleichgültig. Es geschieht. Und das ist die Absurdität des Lebens, wie Camus sie sieht. - Caligula protestiert aus Schmerz über den Tod seiner geliebten Schwester Drusilla gegen eine Welt, die „in ihrer jetzigen Gestalt nicht zu ertragen ist". Denn: „Die Menschen sterben, und die Menschen sind nicht glücklich." Doch in seinem Wahn, das Unmögliche zu wollen, (dass man ihm den Mond herbeischaffe) wird er zum blutrünstigen Tyrannen. Einem vermeintlichen „Alles ist erlaubt", wenn dem Leben ein Sinn abgesprochen wird, lässt Camus in der Figur des Dichters Scipio dem Kaiser Caligula entgegenhalten:

„Diese Welt besitzt zumindest die Wahrheit des Menschen ... Und die Welt hat keine anderen Seinsgründe als den Menschen, und ihn muss man retten, wenn man die Vorstellung retten will, die man sich vom Leben macht ... und es heißt, der Gerechtigkeit, die er als einziger sich vorzustellen vermag, ihre Chance gewähren." Klar, hellsichtig und geradlinig schlägt Camus früh den Weg seiner Arbeit und seines Lebens, die nach Bekunden seiner Freunde in absolutem Einklang miteinander standen, ein: Das als absurd erkannte Dasein trotzdem zu leben, es als Herausforderung anzunehmen. „Die wahre Großzügigkeit gegenüber der Zukunft besteht darin, alles der Gegenwart zu geben."

Und das hat Camus getan.

1943 fährt er ins besetzte Paris, schreibt für die Untergrundzeitung *Combat*. deren Mitbegründer er ist, engagiert sich in der Resistance. Er lernt die Existenzialisten Jean-Paul Sartre und Simone de Beauvoir kennen, deren nihilistischen Ansatz er jedoch nicht teilt. In Paris, fern der Sonne Algeriens, kann er allerdings nicht heimisch werden. Die ungeheizten Wohnungen, die er mit seiner Frau Francine und den 1945 geborenen Zwillingen Jean und Catherine bewohnt, sind seiner Gesundheit abträglich und stimmen ihn depressiv. Immer wieder muss er zu Kuraufenthalten aufbrechen, in denen er unverdrossen, auch gegen Schreibhemmungen, Zweifel und Entmutigung an seinen nächsten Werken arbeitet.

Mit großem Mut schreibt er weiter im *Combat* Leitartikel, die sich mit den wichtigsten Fragen der Zeit, dem weiteren Verlauf des Krieges, der gegenseitigen Anerkennung ehemaliger Feinde und dem Umgang mit Kollaborateuren widmet. Ganz Paris spricht über Camus' Beiträge. Er ist zu einer Berühmtheit und einem Helden geworden. Bezeichnend ist auch seine Einstellung während der letzten Kriegs- und ersten Nachkriegsjahre, nie einseitig Stellung zu beziehen, grundsätzlich gegen die Todesstrafe zu sein. Er kann und will, obwohl er als linker Intellektueller gilt, sich keinem Lager zuordnen lassen, („Gibt es eine Partei der Leute, die nicht sicher sind, recht zu haben? Dort bin ich Mitglied.") - setzt sich bewusst zwischen alle Stühle, was ihm auch Anfeindung und Isolation seitens der Linken und Kommunisten beschert und eine falsch verstandene Zustimmung rechter Kreise. 1947 erscheint sein Roman „Die Pest" und wird sofort zu einem großen Erfolg. Dieser Roman steht zeitlich und gedanklich zwischen den beiden philosophischen Essays „Der Mythos von Sisyphos" und stellt somit das Bindeglied dar zwischen der Erkenntnis des auf sich selbst zurückgeworfenen, hilf- und hoffnungslosen Menschen in der Absurdität der condition humaine zu demjenigen, der gegen diese revoltiert und dadurch zu einer tiefen mitmenschlichen Kommunikation und Solidarität findet: „Ich empöre mich, also sind *wir.*" Die Verneinung mündet dadurch zu einer Bejahung des Seins. Die Sinnleere einer absurden Welt kann durch die Überwindung des leidvollen Schicksals durch wahrhaftiges, liebendes und gerechtes Handeln in der Gegenwart der Wirklichkeit den Menschen ausfüllen und sogar glücklich machen: „Wir müssen uns Sisyphos als einen glücklichen Menschen vorstellen."

Der Roman die Pest ist mit seiner grundlegenden Kritik an jeglichem Totalitarismus und daraus resultieren der Gewalt ein zeitloses Werk der Weltliteratur, keine Mühe Antwort, so könnte man aus heutiger Sicht sagen, war die der Vernunft, Gegenspieler der Unwissenheit. „Das Böse in der Welt rührt fast immer von der Unwissenheit her, und der gute Wille kann so viel Schaden anrichten wie die Bosheit, wenn er nicht aufgeklärt ist. Die Menschen sind eher gut als böse, und in Wahrheit dreht es sich gar nicht um diese Frage. Aber sie sind mehr oder weniger unwissend, und das nennt man dann Tugend oder Laster. Das trostloseste Laster ist die Unwissenheit, die alles zu wissen glaubt und sich deshalb das Recht anmaßt, zu töten. Die Seele des Mörders ist blind, und es gibt keine Ware Güte noch Liebe ohne die größtmögliche Hellsichtigkeit." So reflektiert der Arzt real, der seinen Kampf gegen die Pest und seinen selbstlosen Einsatz für die Erkrankten für eine Selbstverständlichkeit hält.

Die Revolte in ihrer Reinform sah Camus in der Kunst verwirklicht. In seiner Nobelpreisrede kam er noch einmal dezidiert darauf zu sprechen: „...Die Kunst ... ist ein Mittel, die größtmögliche Zahl von Menschen anzurühren, indem sie ihnen ein beispielhaftes Bild der gemeinsamen Leiden und Freuden vorhält ... Darum betrachten die wahren Künstler nichts mit Verachtung; sie fühlen sich verpflichtet, zu verstehen, nicht zu richten ... ihre Aufgabe ... besteht darin, den Zerfall der Welt zu verhindern."

„Die Pest" ist eine Allegorie auf die soeben erfahrene, erlittene Zeit der Unmenschlichkeit des Krieges. In der algerischen Hafenstadt Oran bricht die Seuche aus und isoliert deren Bewohner durch Quarantäne von der Außenwelt. Die vier Hauptprotagonisten kann man als vier widersprüchliche Seiten in Camus selbst verstehen.

Da ist zuerst der Arzt Rieux, der sich aufopferungsvoll und trotzdem illusionslos der mörderischen Epidemie entgegenstellt und sich mit den Leidenden solidarisiert. Der Jesuitenpater Paneloux sieht zunächst in der Pest eine Art Gottesgericht. Der Tod eines unschuldigen Kindes führt ihn dazu, gegen den als ungerecht empfundenen Tod in einem Sanitätstrupp mitzuhelfen, bis er schließlich auch ein Opfer der Seuche wird. Die Gespräche zwischen Rieux und Paneloux zählen für mich zu einer der spannendsten existentiellen Auseinandersetzungen innerhalb der Literatur. In Tarrou findet Rieux einen Freund, der zunächst nur beobachtend abwartet, dann aber zum tätigen Helfer wird - und ebenfalls stirbt. Der kleine Büroangestellte Grand schreibt schon seit Jahren in einsamer Zurückgezogenheit an einem Roman, über dessen ersten Satz er allerdings nicht hinauskommt. Mit ihm teilt Camus die Liebe zum Schreiben. Tarrou stellt die vielleicht wichtigste Frage in diesem Roman, die meines Erachtens für Camus die alles entscheidende ist: „Kann man ohne Gott ein Heiliger sein, das ist das einzig wirkliche Problem, das ich heute kenne." Sie alle, die gemeinsam gegen die Pest kämpfen und dabei bis auf den Arzt Rieux, der sich am Schluss des Romans als deren Chronist zu erkennen gibt, diesen Kampf mit dem Leben bezahlen, haben erkannt und erfahren, dass nur das Mitgefühl, die liebende Verbundenheit mit einem Menschen, - denn „eine Welt ohne Liebe (ist) eine tote Welt" - Ehrlichkeit, Güte und Selbstlosigkeit den Menschen dazu befähigen, die Daseinsabsurdität zu bewältigen und dadurch zu einer moralischen Kraft zu finden, im Hier und Jetzt ganz Mensch zu sein.

Ich erinnere mich an die Faszination, die „Die Pest" und „Der Mythos des Sisyphos" auf uns Schüler Anfang der sechziger Jahre ausgeübt hat. Ich erinnere mich an hitzige Diskussionen. Wir lasen ja auch Kierkegaard, Gabriel Marcel, Andre Gide, Dostojewski - Autoren, mit deren Werk sich auch Camus intensiv auseinandergesetzt hatte. Ihren „Sprung" in die Metaphysik auf die Daseinsfrage allerdings lehnte Camus für sich ab, ohne ihn jedoch anderen abzusprechen. Er war nie apodiktisch und im Grunde ein Gottsucher par excellence. Nur war er so redlich zuzugeben, dass wir letztlich nichts wissen können, nichts als das Leben selbst. Und deshalb lehnte er sich gegen den Tod auf, kämpfte für Gerechtigkeit und Mitmenschlichkeit. Sein vordringlichstes Anliegen war, dem leidenden Menschen zu helfen (zahlreiche Petitionen gegen Verhaftungen von Kollegen, Hinrichtungen, rassistische Polizeiaktionen, für die Gleichberechtigung der Araber in Algerien, für die Kriegsdienstverweigerer im Algerienkrieg hat er verfasst) und die Menschen zu lieben ohne einen Gott, ohne den Glauben an eine Weiterexistenz nach dem Tod.

In der Gestalt des Arztes Rieux findet dieses Anliegen exemplarisch Gestalt. Im Grunde ist Camus' Werk ein zutiefst religiöses. Mit Dorothee Solle würde man heute sagen, er hat „atheistisch an Gott geglaubt". Von den Dominikanern in Paris eingeladen, in ihrem Kloster einen Vortrag zu halten, sagte er:

„...möchte ich festhalten, dass ich mich nicht im Besitz irgendeiner absoluten Wahrheit oder einer Botschaft fühle und deshalb niemals vom Grundsatz ausgehen werde, die christliche Botschaft sei eine Illusion, sondern nur von der Tatsache, dass ich ihrer nicht teilhaftig zu werden vermochte."

Und in einem Interview mit Jean-Claude Brisville im Jahre 1959 antwortete er auf die Frage: „Eines Tages haben Sie geschrieben ‚Geheimnis meines Universums: sich Gott vorstellen ohne die Unsterblichkeit der Seele' - Können Sie Ihren Gedanken verdeutlichen?" - „Ja. Ich habe einen Sinn für das Heilige, und ich glaube nicht an ein zukünftiges Leben; das ist alles."

In seinen letzten Tagebüchern (1951-1959) notiert Camus viele Gedanken zu Romanprojekten, immer wieder auch zu „Der erste Mensch". Viele hat er nicht mehr ausführen können. Beim Lesen scheint mir oft eine eigentümliche Traurigkeit herauszuhören zu sein. „Zu sterben erschreckt mich nicht, wohl aber im Tod zu leben." „Wenn ich alt bin, möchte ich die Gunst erfahren, auf diese Straße nach Siena zurückzukehren, der nichts auf der Welt gleichkommt, um dort in einem Graben zu sterben, nur von der Güte jener unbekannten Italiener umgeben, die ich liebe." „Anbetung. Das Rätsel der Welt." „Was ich gesagt habe, habe ich zum Wohle aller gesagt und zum Wohle jenes Teils von mir, der dem Alltag zugekehrt ist. Aber ein anderer Teil von mir erkennt ein Geheimnis, das nicht offenbart werden kann - und mit dem ich werde sterben müssen."

Ob er geahnt hat, dass ihm nicht mehr viel Zeit bleiben würde? Die letzte Eintragung vom Dezember 1959 trägt eine seltsam anmutende, resümeehafte Note: „Manchmal klage ich mich an, unfähig zu sein, jemand zu lieben. Vielleicht stimmt das, aber ich war fähig, ein paar Menschen zu *erwählen* und ihnen, unabhängig, von ihrem Tun, getreulich das Beste meiner Selbst zu bewahren." Liebe, Freundschaft, Freiheit waren für Albert Camus lebensbestimmend. „Denn die Freundschaft ist die Kunst des freien Menschen. Und es gibt keine Freiheit ohne gegenseitiges Verständnis". Und das Licht. So sagte er in seiner Nobelpreisrede: „Ich habe nie vermocht, auf das Licht zu verzichten, das Glück des Seins, das freie Leben, in dem ich aufgewachsen bin."

Der Philosoph Ludwig Wittgenstein, ein Zeitgenosse von Camus, obwohl Camus dessen Schriften wahrscheinlich nicht kannte, weil sie zu Camus' Lebzeiten nicht in französischer Übersetzung vorlagen, schreibt in seinem *Tractatus logico-philo*sophicus: „Wenn man unter Ewigkeit nicht unendliche Zeitdauer, sondern Unzeitlichkeit versteht, dann lebt der ewig, der in der Gegenwart lebt ... Ist denn dieses ewige Leben dann nicht ebenso rätselhaft wie das gegenwärtige? Die Lösung des Rätsels des Lebens in Raum und Zeit liegt *außerhalb* von Raum und Zeit."

Im Tagebuch notiert Albert Camus für den „Premier Homme": „Roman-Ende. Mama. Was ihr Schweigen ausdrückte. Was dieser stumme und lächelnde Mund rief. Wir werden auferstehen."

Der plötzliche „absurde" Tod hinderte Camus daran, bis zu diesem Romanende zu gelangen.

Vielleicht eine weitere eigenartige Koinzidenz mit Wittgenstein, dessen letzte Aussage im *Tractatus* lautet: „Wovon man nicht sprechen kann, darüber muss man schweigen."

Inhaltsverzeichnis

Einleitung	7
Arthur Rimbaud	11
Rainer Maria Rilke	25
Lion Feuchtwanger	49
François Mauriac	63
Albert Camus	77

Veröffentlichungsnachweis

Die Essays in diesem Buch beruhen auf folgenden Veröffentlichungen:

Arthur Rimbaud
In: Der Literat Heft 6 und Heft 7/8, 2004

Rainer Maria Rilke
In: Die Tagespost vom 30. Dezember 2006
In: Der Literat Heft 7/8, 2007
In: www.theologie-und-literatur.de
    04.12.2015
In: Die Tagespost vom 30.12.2016

Lion Feuchtwanger
In: Der Literat Heft 7/8, 2008

François Mauriac
In: Die Tagespost vom 7. Januar 2016

Albert Camus
In: Der Literat Heft 1/2, 2002,
In: Die Tagespost vom 30. Oktober 2003
In: Die Tagespost vom 27.Januar 2007
In: www.theologie-und-literatur.de
    07.11.2013

Ilka Scheidgens Biografien, Autorenporträts und literarischen Essays fanden bei Lesern und in der deutschen sowie internationalen Presse ein breites Echo. Nachfolgend eine kleine Auswahl:

Die Autorin Ilka Scheidgen hat ein Talent, über das nur wenige Schriftsteller verfügen: Sie ist nicht „nur" Lyrikerin und Romanautorin, sondern auch eine gute Gesprächspartnerin, die sich anders als viele andere Autoren auch für das Leben ihrer schreibenden Kollegen interessiert. Unermüdlich war sie in den letzten Jahren unterwegs, um sich mit Günter Grass, Peter Härtling, Herta Müller, Peter Rühmkorf, Dorothee Solle, Arnold Stadler, Carola Stern, Martin Walser, Gabriele Wohmann und Eva Zeller in deren privaten Umfeld über Kernthemen der Literatur zu unterhalten. Dabei herausgekommen ist keinesfalls die Printversion dessen, was Fernsehzuschauer aus zahlreichen Talkshows schon kennen, in denen der Autor als Unterhaltungsware zugerichtet wird, sondern ein sehr persönliches Buch, das intime Einblicke in Leben und Werk der jeweiligen Dichter gewährt.

Möglich wurde dies, weil Ilka Scheidgen mit ihren Gesprächspartnern keinen journalistischen Fragekatalog abarbeitet, sondern weil sie sich ihnen gewissermaßen mit literarischer Sensibilität nähert. Das beginnt bereits mit der Anreise. Der Blick von Außen auf die jeweiligen Wohnstätten der Schriftsteller, auf Einrichtungsgegenstände, auf die Art des Auftretens der Protagonisten, ja selbst auf deren Kleidung sowie die genaue Betrachtung des Umfelds, in dem sie ihrem Schreiben nachgehen, hat bei Scheidgen keinesfalls etwas Voyeuristisches, sondern gehört bereits mit zur Darstellung der Autoren. Auch geben die einzelnen Texte nicht den exakten Dialog des jeweiligen „Fünfuhrgesprächs" wider, sondern die Autorin versteht es, diesen geschickt mit weiteren Zitaten, mit Hintergrundwissen und kleineren Exkursen zu einem komprimierten, aber sehr essenziellen Porträt zu „verdichten". Nicht das nette Geplauder steht im Vordergrund, sondern es geht medias in res um die wichtigsten Themen des Menschseins, also - wie es im Kapitel über Gabriele Wohmann heißt - „um die Frage nach dem Sinn des Lebens. Um Liebe, Leiden, Sterben, Tod, Gott und Glauben, Trost, Glück und Vergänglichkeit." Durch ihre behutsame Art gelingt es Scheidgen dabei, dass die Autoren selbst bei heiklen Fragen, wie etwa der nach dem Glauben, nicht gleich verstummen, sondern sich einlassen, ihren Befürchtungen und Hoffnungen Ausdruck verleihen. Wenn sie auch - wie Martin Walser - danach verwundert konstatieren müssen: „Ein Gespräch, das - wie es ja soll - zu weit ging."

Und natürlich geht es um die Sprache, in der die Autoren jeder auf seine Weise diese Themen zur Darstellung bringen. So gelingt es beispielsweise, Günter Grass - den wortgewaltigen Romancier, den sich in öffentliche Debatten Einmischenden - auf einmal wieder als Lyriker ins Bewusstsein zu rufen, dessen epische Manuskripte nicht selten in Gedichten gründen. Grass gibt Scheidgen gegenüber denn auch zu, dass er selbst ein bisschen traurig darüber sei, dass diese Seite an ihm kaum mehr Beachtung finde.

Als geradezu emphatisch erweist sich Arnold Stadlers Bekenntnis, dass er die Sprache als nichts Selbstverständliches, sondern als etwas Staunenswertes und Wunderbares begreift, und Martin Walser verteidigt gar die Intentionslosigkeit in der Literatur: „Eine Absicht, selbst wenn man sie hätte, nützt nichts. Eine Absicht produziert überhaupt keine Sprache."

Absichtslos hat sich denn auch Ilka Scheidgen ihren schriftstellernden Kollegen genähert, die daher auch nicht nach einer vermeintlichen Wertigkeit, sondern einzig alphabetisch geordnet im Buch auftreten. So entstanden gelungene Autorenporträts, die nicht nur informativ, sondern durch ihr hohes Maß an sprachlicher Reflexion auch sehr lesenswert sind. *Michael Thalken in Kölner Stadt Anzeiger*

llka Scheidgen hat sich der längst fälligen Aufgabe gestellt und eine Biografie der Dichterin Hilde Domin geschrieben.(...) Um Domins Plädoyer dafür, auch nach Auschwitz Gedichte zu schreiben und allen Erfahrungen zum Trotz die Hoffnung nicht aufzugeben, hervorzuheben, bezeichnet Scheidgen Domin im Untertitel als „Dichterin des Dennoch". Über die Erfahrungen des Exils hinaus sind es die nationalsozialistischen Verbrechen gewesen, die Domin darin bestärkt haben, für Freiheit und Menschlichkeit einzutreten. Zahlreiche Gedichte enthalten die Mahnung, die Geschichte und die Toten nicht zu vergessen, und die Hoffnung, dass die Erinnerung die Menschen vor einer Wiederholung solcher Verbrechen bewahren könnte. *Magret Karsch in konkret*

The very virtues of her (Domin's) poetry, its clarity and affecting simplicity, are for some observers its principal vices. Certainly her life story has become emblematic of the twentieth-century German-Jewish intellectual. Indeed it is her insistence on a "Jasagen trotzdem" ("acceptance nevertheless") that is the Key to her work. llka Scheidgen's biography attempts to capture something of this indefatigable optimism. Scheidgen contextualizes Domin's work convincingly in the antiliterary politics of the 1960s and 70s, highlighting Domin's resistance to the ideological posturing of the period. Her 1966 theoretical work Wozu Lyrik heute? and her pioneering 1968 anthology Doppelinterpretationen, in which she gave poets the chance to respond to their own work alongside the critics, established her as a stubbornly idiosyncratic voice, unprepared to yield to prevailing dogma. Scheidgen brings out here the influence of French existentialism: in the lectures which Domin gave as the prestigious Frankfurt Professor of Poetry in 1987-1988, she pointedly defined the poem as a "moment of freedom", developing Camus's myth of Sisyphus as an image of the "daily imperative to attempt the impossible". For

Domin, in contrast to Camus, the moral of this myth is not the acceptance of the absurdity of existence, but rather a belief in the possibility of its transformation, the "postulate of a second Chance". *Prof. Ben Hutchinson (University of Kent/England) in TIMES Literary Supplement*

Biographische Details und eigene Beobachtungen hat Ilka Scheidgen in ihrem Buch „Hilde Domin. Dichterin des Dennoch" zusammengetragen. Die Autorin pflegte zwanzig Jahre Kontakt zu Domin und gibt viel von ihren Gesprächen preis, die die spätberufene Lyrikerin als lebhaften und warmherzigen Menschen zeigen, der viel über die Funktionsweisen der Gesellschaft nachgedacht hat. Domins persönliches Credo lautete, „nicht im Stich lassen. Sich nicht und andere". *Julia Bähr in Frankfurter Allgemeine Zeitung*

In der einfühlsamen Biografie „Gabriele Wohmann. Ich muss neugierig bleiben" der renommierten Schriftstellerin und Publizistin Ilka Scheidgen heißt es treffend: „Von Anfang an galt ihr Augenmerk dem sogenannten Privaten, das jedoch immer auch das Allgemeine ist. Sie hat in ihren Werken 50 Jahre bundesrepublikanische Wirklichkeit gespiegelt mit ihren Höhen und Tiefen, ihren sprachlichen Jargons, ihren Fragen und Problemen und den Lesern und Leserinnen Identifikationsmöglichkeiten eröffnet. (...) Sie schreibt über Ungetröstete, ohne dass sie Trost anbietet, über Unglückliche und Suchende, ohne Antworten zu geben und Rezepte zu verteilen. Gabriele Wohmann fesselt mit dem, was und wie sie schreibt, ungebrochen ganze Lesergenerationen." *Buch aktuell: Sommer 2012*

Die Biografin Ilka Scheidgen hat sich dieser Aufgabe mit Detailkenntnis und aus persönlicher Vertrautheit mit Gabriele Wohmann angenommen, sie hat viele Gespräche mit ihr geführt und Wohmanns Bücher achtsam gelesen. (...) Ilka Scheidgen versteht es, Grundintentionen von Wohmanns Schreiben ins rechte Licht zu rücken und etwa den der Autorin vielfach bescheinigten "bösen Blick" als "Rebellion gegen die Behaglichkeit" (Walter Hinck) und kritisches psychologisches Porträt des Bildungsbürgertums auszudeuten. *Prof. Michael Braun in Medienprofile*

Im Mai 2012 feierte die in Darmstadt lebende Schriftstellerin Gabriele Wohmann ihren 80. Geburtstag. Seit mehr als 40 Jahren gehört die Erzählerin mit ihren Kurzgeschichten und Romanen zu den führenden deutschsprachigen AutorInnen, ohne jemals zentral im grellen Rampenlicht einer breiten Öffentlichkeit gestanden zu haben. (…) Zu diesem runden Geburtstag der Autorin ist eine Biographie geschrieben, verfasst im sehr spezifischen Duktus der Autorin Ilka Scheidgen, selbst Erzählerin. Diese wendet ein Verfahren an, das sie bereits im Blick auf Hilde Domin („Hilde Domin – Dichterin des Dennoch" 2006) und in den „Fünfuhrgesprächen" (2008) mit unterschiedlichen Autoren von Walser bis Grass entwickelt hat. Entfaltet werden sehr persönlich gehaltene Annäherungen an Person und Werk, entstanden aus jahrelanger Vertrautheit, enger Bekanntschaft, ja: Freundschaft mit der Schriftstellerin Wohmann. So entsteht eine persönliche, vielleicht darf man sagen: intime Bildfolge, aufbauend auf über mehrere Jahre entstandene Vorarbeiten. (…) Wer ein sehr persönliches, kenntnisreiches, sehr direkt geschriebenes Buch über Gabriele Wohmann sucht, wird hier bestens fündig. (…) Das Buch bleibt ein überaus gelungener Zugang zu Person und Werk der Autorin Wohmann, in dem sich Zeitgeschichte, Literaturgeschichte und Lebensgeschichte wie in einem Brennglas bündeln. *Prof. Georg Langenhorst in Theologie und Literatur*

So wird ein fantastisch unentwirrbar ineinandergefügtes Werk und Leben überschaubar in sieben Kapitel unterteilt. Unaustauschbar schön ist Scheidgens Urteilskraft, etwa wenn sie das Gesamtwerk aus weniger bekannten Gedichten deutet.

Überzeugend arbeitet sie heraus, dass es gerade Wohmanns Hinwendung zum Privaten ist, die ihre überindividuelle und gesellschaftliche Relevanz begründet. Scheidgens Verdichtungen sind einprägsam. Die Biographie ist ein idealer Einstieg für Leser, die das Werk der großen Autorin kennenlernen möchten, zugleich eine Ergänzung für die,

die sich an ihr nicht satt lesen können. Es ist eines jener selten gewordenen Bücher, die nicht geschrieben sind, um eben mal ein Buch zu schreiben. Man spürt: Hingabe, Forschermut und eine einfühlende und nicht nachlassende Geduld haben es entstehen lassen. *Georg Magirius in Zeitzeichen*

Die erzählerischen Wege (von Gabriele Wohmann) führen von Anfang an über Ironie und Präzision zu einer Magie, die nicht aus der Hölle aufsteigt und auch nicht vom Himmel fällt, sondern in der Dialektik von Nähe und Distanz wirkt. Immer wieder geht es um Beziehungsunfähigkeit, Selbstentfremdung, Abhängigkeiten und Unterdrückungen und die Unfähigkeit zur Kommunikation. „Der Mensch hat als das diffizilste Verständigungsmittel die Sprache bekommen. Wie geht er mit ihr um? Er kann überhaupt nicht mit ihr umgehen", begründet Wohmann ihre Liebe zum Hörspiel, das die Möglichkeit bietet, die Sprache selbst zum Gegenstand der Reflexion zu machen. So erzählt es Freundin und Kollegin Ilka Scheidgen in ihrer Biografie, die auf zahlreichen Besuchen und Gesprächen fußt sowie auf Einblicken in den Vorlass, der seit 2005 im Literaturarchiv Marbach liegt. Scheidgen zeichnet mit Fakten und Episoden das Bild einer unangepassten, heiteren Frau, die vom Glauben geprägt ist und Bedrohliches ins Leben zu integrieren versucht. Über ihrem Schreibtisch hängt ein Zitat von James Joyce: „Man lebt und weiß den Tod. Alles andere ist Beschäftigungstherapie." *Janina Fleischer in Dresdner Neueste Nachrichten und Leipziger Volkszeitung*

Eine Biographie über Gabriele Wohmann war fraglos vonnöten. Über eine Biographie, die das Spätwerk umfasst, können sich daher alle Leser nur freuen, zumal es sich um die erste Wohmann-Biographie im eigentlichen Sinne handelt. Verfasst wurde sie von Ilka Scheidgen, selbst Schriftstellerin und Publizistin, deren Biographie Hilde Domin - Dichterin des Dennoch (Kaufmann-Verlag, 2006), kurz vor dem Tod der Lyrikerin vollendet, besondere Beachtung fand.

Mit ihrem Buch über Gabriele Wohmann hat Ilka Scheidgen es geschafft, aus einem schier uferlosen, unüberschaubaren Oeuvre von etwa hundert Titeln das Wesentliche herauszuarbeiten. Ilka Scheidgen schildert nicht nur eine Vita, sondern die Quintessenz von Gabriele Wohmanns Schreiben. Sie beschreibt das, worauf es Gabriele Wohmann wirklich ankommt, die kaum merklichen Verletzungen, die langfristige Schäden anrichten, die Gratwanderung zwischen Normal- und Verrücktsein. Wenn Ilka Scheidgen den Wohmannschen Themenkreis umreißt, lässt sie nichts außer Acht: „Leere und Einsamkeit, Ängste und Sehnsüchte hinter Fassaden angeblicher Harmonie. Ratlosigkeit und Langeweile, Verdruss und Wohlstandsneurosen inmitten scheinbar geordneten Wohllebens" (S. 70). Den Wohmannschen Ton trifft sie ebenfalls, jene sarkastisch-liebevolle Beobachtung der Schrullen von literarischen Figuren, gepaart mit einer Detailverliebtheit à la Balzac. Ilka Scheidgen ist nicht nur nach Marbach gefahren, sondern auch zu Hans Bender nach Köln. Sie wollte jene Menschen höchstpersönlich kennenlernen, die Gabriele Wohmanns Debüt oder ihre Karriere begleitet hatten. Hans Bender sprach mit ihr über Gabriele Wohmanns Erstveröffentlichung Ein unwiderstehlicher Mann (1957) in Akzente. An solchen zeitaufwendigen Begegnungen und soliden Forschungsarbeiten erkennt man eine seriöse Biographie. – *Prof. Benoît Pivert (Université de Paris XI) in Deutsche Bücher*

Zu dem hier veröffentlichten Essay über Albert Camus: „Camus! Großartig! Riesen Kompliment und Respekt! Sehr gut geschrieben! (Das meiste wusste ICH nicht)." *Gabriele Wohmann in Der Literat Heft 3/2002*

© *Ilka Scheidgen*

Ilka Scheidgen schreibt Lyrik, Romane, Erzählungen, Essays, Rezensionen und Autorenporträts. Sie hat sich als Schriftstellerin und Publizistin in vielfacher Weise einen Namen gemacht.

Über Hilde Domin (1909-2016) und Gabriele Wohmann (1932-2012) hat Ilka Scheidgen die einzigen autorisierten Biografien veröffentlicht.

Zuletzt erschienen von ihr in der Reihe „Zu Besuch bei" fünf Bände mit Doppel-Porträts sowie ein Porträtband über Martin Walser „Der weise Mann vom Bodensee"

2002 wurde sie für ihr literarisches Werk mit dem Kulturpreis des Kreises Euskirchen ausgezeichnet.

Homepage der Autorin:
www.ilka-scheidgen.de